胤康和尚

勤王倒幕にかけた生涯

若山甲蔵 著
[意訳] 徳永孝一

胤康和尚肖像画

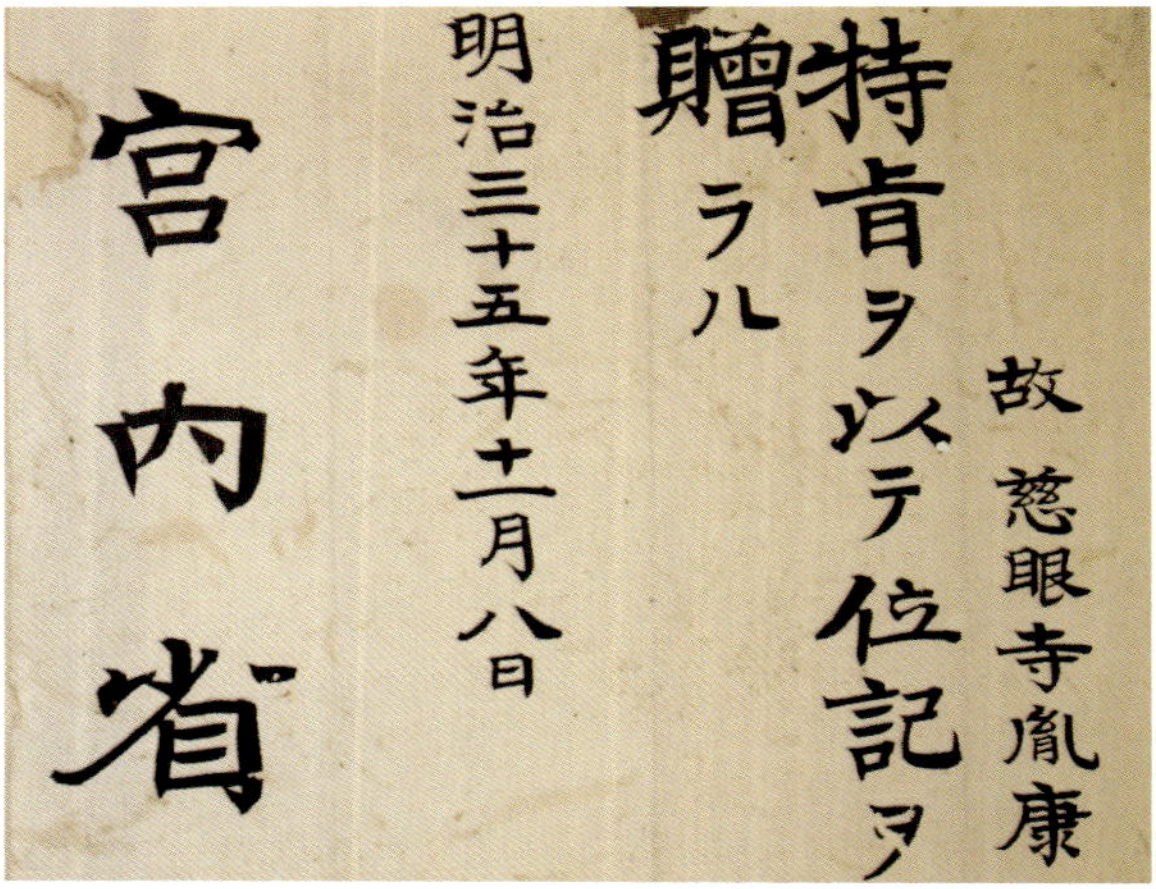
故　慈眼寺胤康
特旨ヲ以テ位記ヲ
贈ラル
明治三十五年十一月八日
宮内省

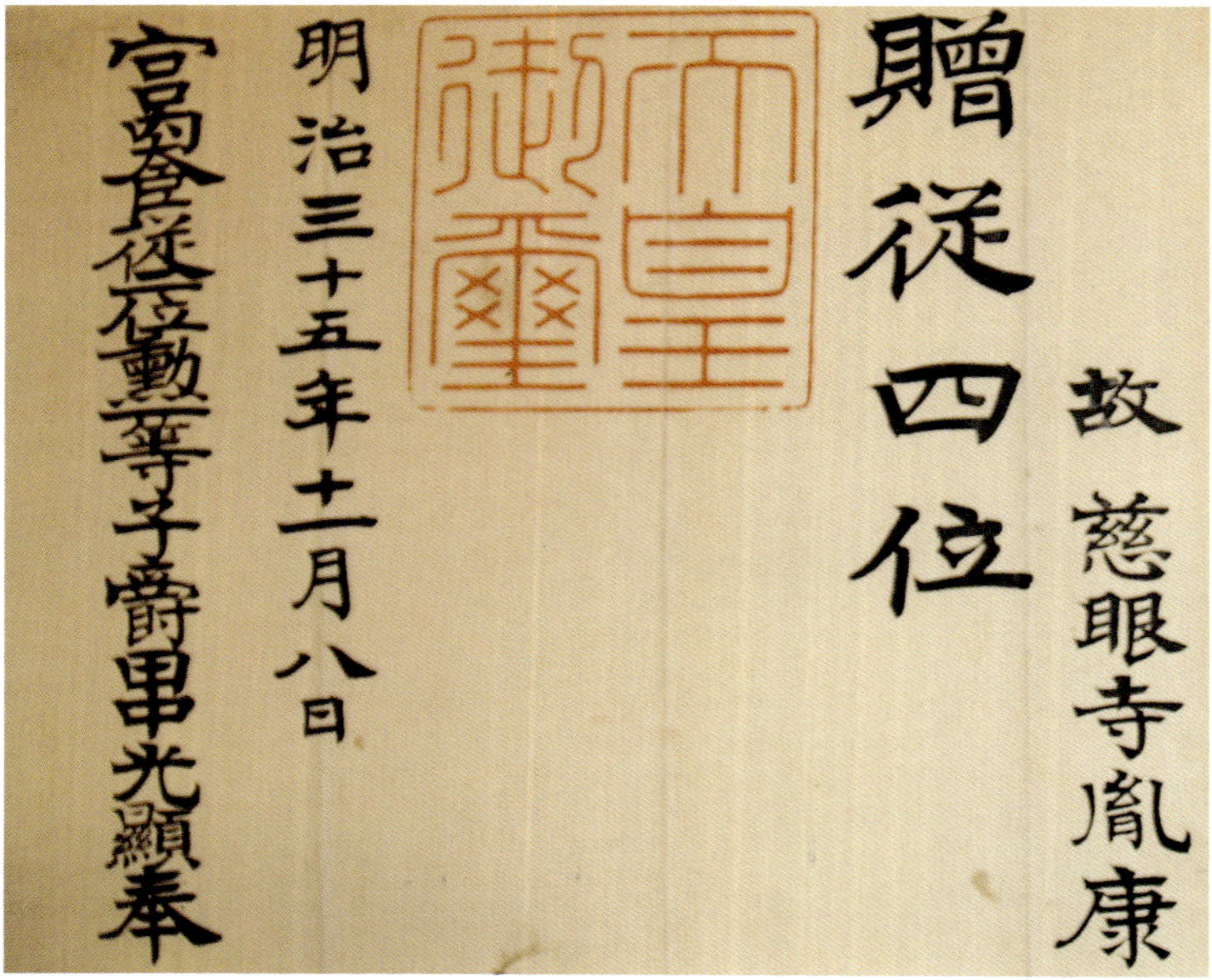
故　慈眼寺胤康
贈従四位
天皇御璽
明治三十五年十一月八日
宮内大臣従二位勲一等子爵田中光顕奉

叙位記
明治35年11月８日　胤康和尚、特旨をもって位記を贈られる

廣瀬重武像（写真）
（岡藩の勤皇の志士）

小河弥右衛門一敏肖像
（岡藩の勤皇の志士）

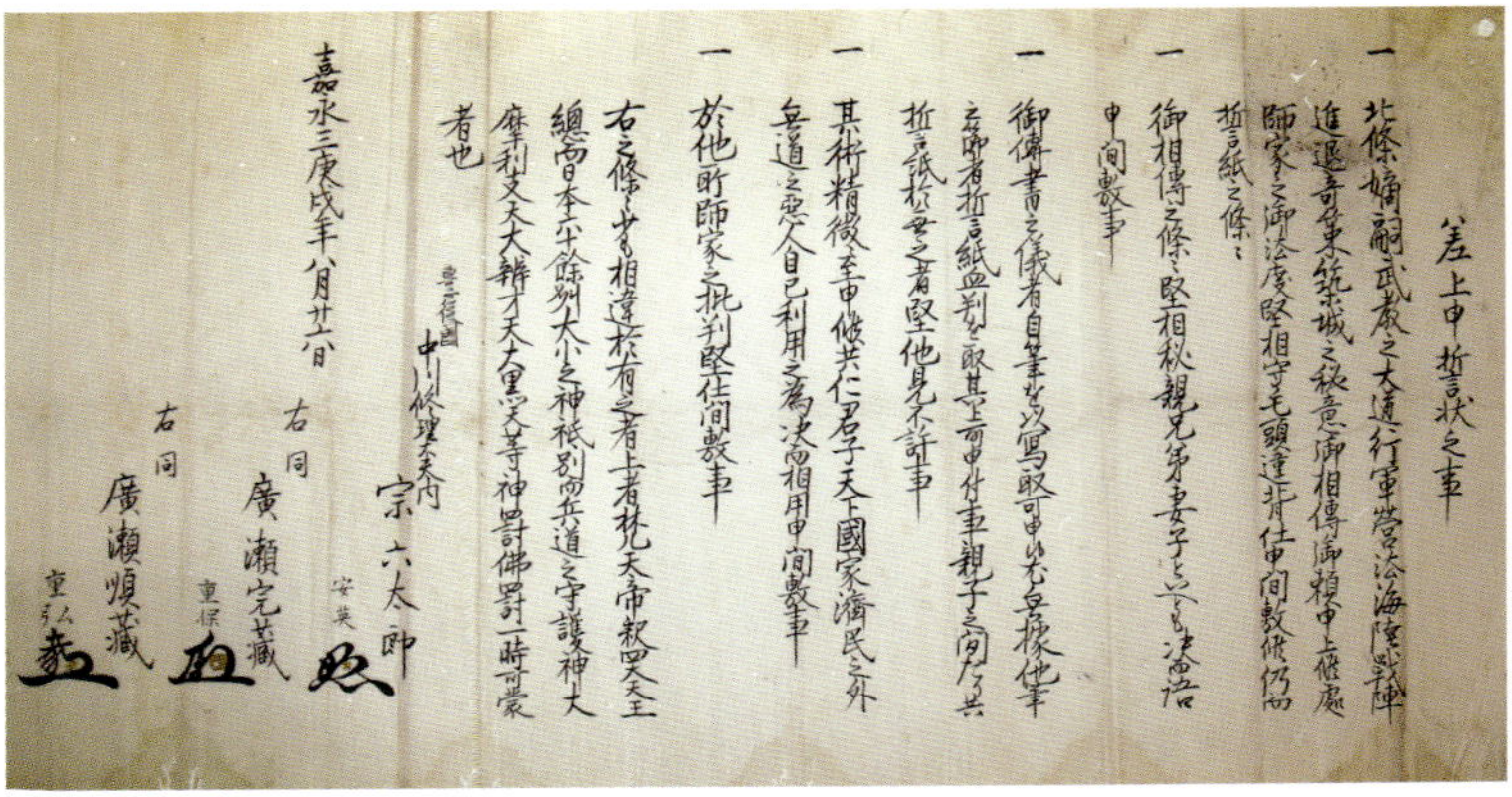

差上申誓状之事
一 北條嫡嗣武教之大道行軍営法海陸戦陣進退奇策築城之秘意御相傳御頼申上候處師家之御法度堅相守毛頭違背仕間敷候仍而誓紙之條々
一 御相傳之條々堅相秘親兄弟妻子とも決而他言申間敷事
一 御傳書之儀者自筆を以寫取可申ハ勿論他筆之節者誓言紙血判を取其上可申付事親子之間たり共誓紙相済不申者堅他見不許事
一 其術精微を申候共仁君子天下國家濟民之外無道之悪人自己利用之為決而相用申間敷事
一 於他所師家之批判堅仕間敷事
右之條々少も相違於有之者上者梵天帝釈四大天王總而日本六十餘州大小之神祇別而兵道之守護神大摩利支天大辨才天大黒天等神罰佛罰一時可蒙者也
嘉永三庚戌年八月廿六日
豊後國 中川修理大夫内 宗六太郎 安英
右同 廣瀬完蔵 重保
右同 廣瀬順蔵 重弘

血判状「差上申誓状之事」（嘉永３年〈1850〉）
竹田岡藩中川氏の家臣　宗六太郎、広瀬重保、広瀬重弘

松月院（東京都豊島区）
寺の境内は和尚の少年時代の遊び場。
ここで師の天休和尚と出会う

大慈寺（熊本県熊本市）
曹洞宗の由縁ある寺で、和尚は天休和尚に連れられてここで２年間修行した

[上] 慈眼禅寺（延岡市北方町曽木）
天休和尚とともに、15歳のとき移り、以来、胤康和尚の活動拠点となった
[左] 大隣天休和尚墓碑（慈眼禅寺内）

曽木原（延岡市北方町）　和尚が村人と交流した地

慈眼禅寺正面への百段の坂

和尚の修行の地・天滝
柳瀬町から北２キロほどにあり、和尚が断食修行をした。その記念碑もある

岡城址　　　　　　　　　　　　　　小河家

岡藩の城下町・竹田は和尚の勤皇倒幕の運動の拠点となり、家臣と連絡をとりあった

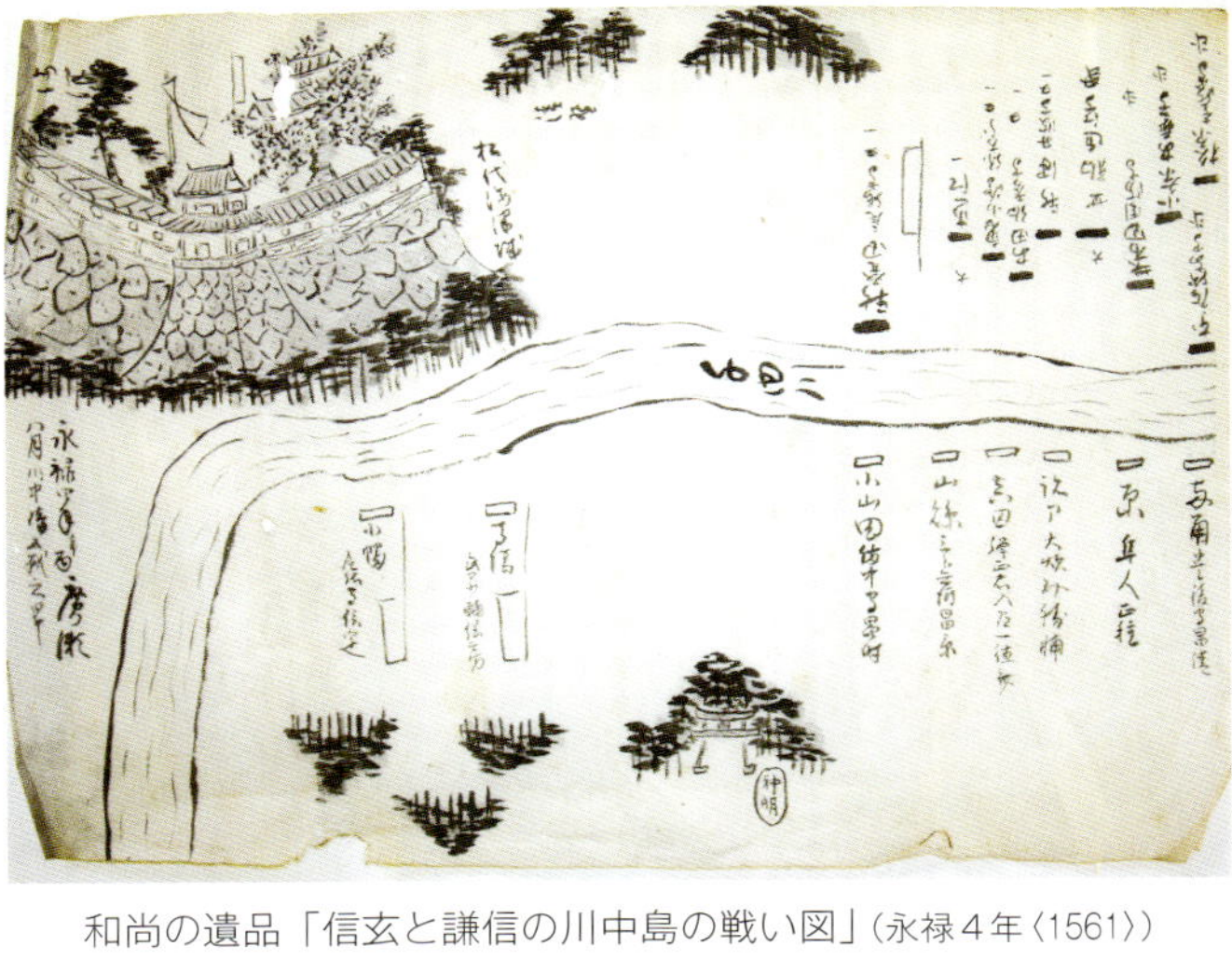

和尚の遺品「信玄と謙信の川中島の戦い図」(永禄４年〈1561〉)

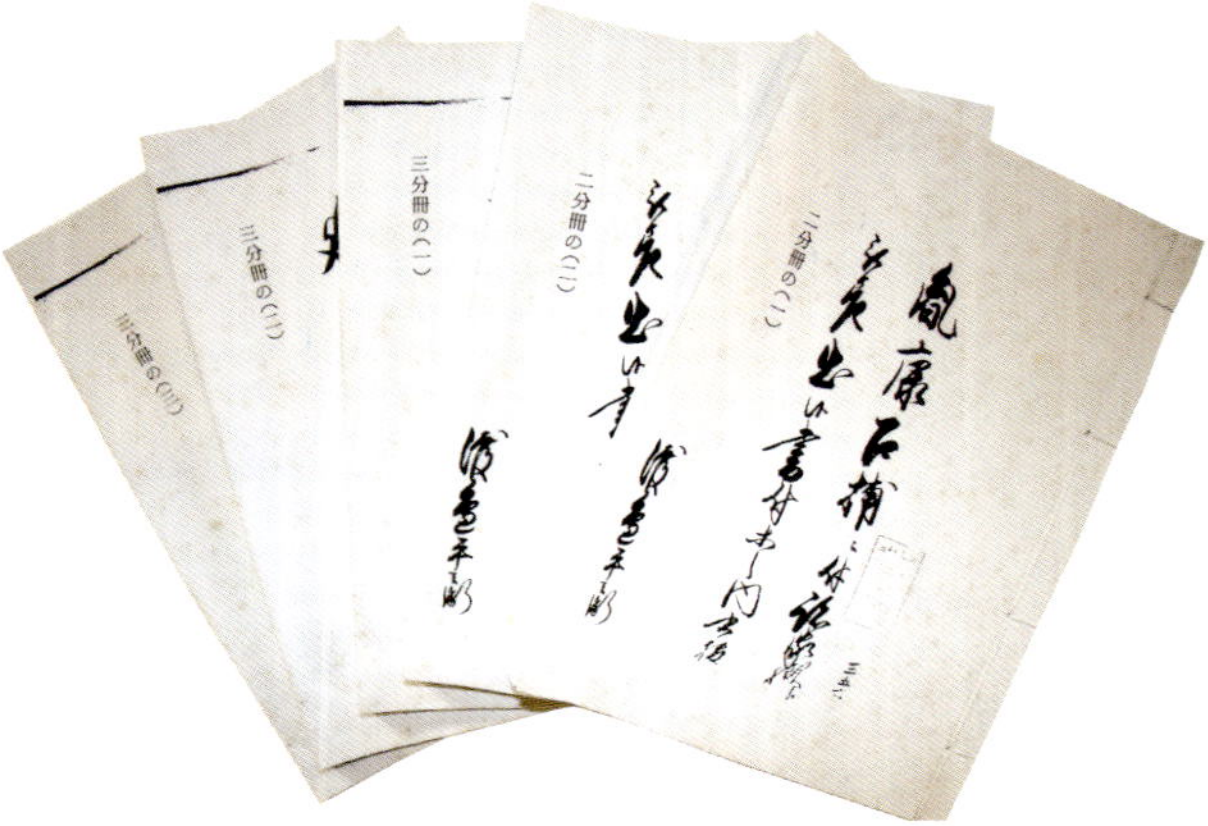

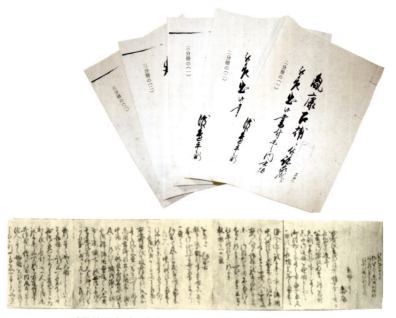

延岡慈眼寺看司胤康和尚召捕一条書付控（内藤家文書）

胤康和尚の招魂碑
京都霊山護国神社。
ここには1356人の
勤王志士が祀られ
ている

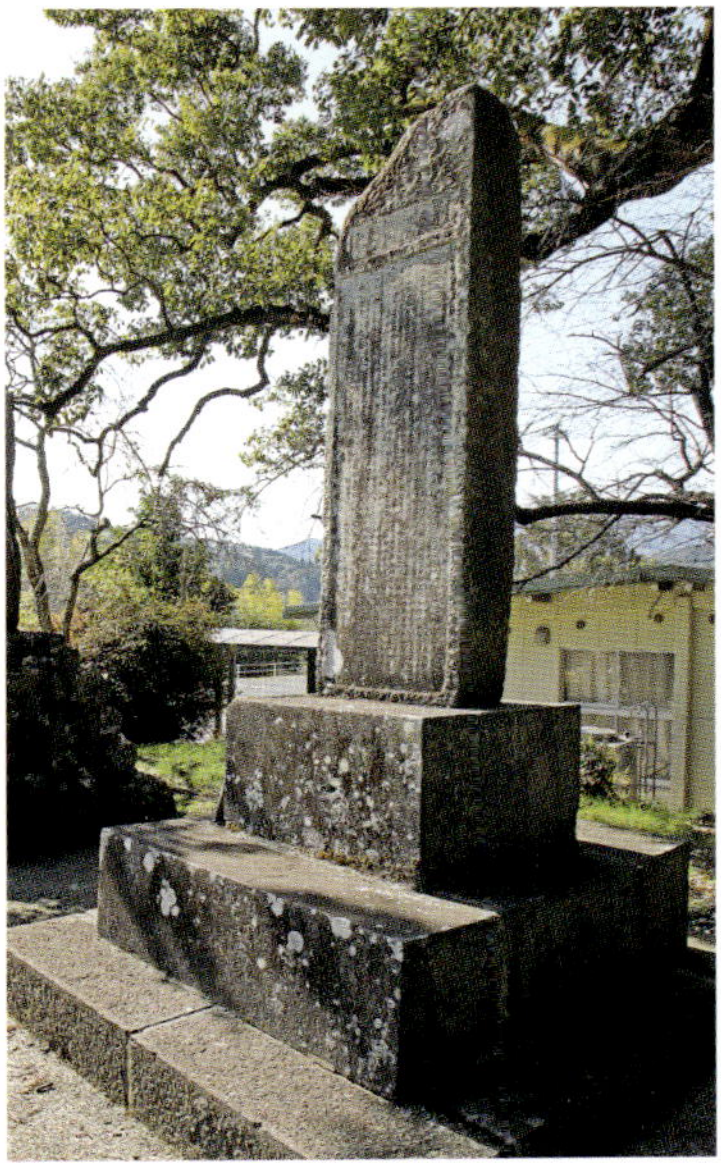

［右上］胤康和尚墓碑（慈眼禅寺）
［右下］甲斐宝作・甲斐亀治顕彰碑
［左上］内藤政挙公揮毫の顕彰碑
［左下］秋月種樹揮毫の顕彰碑

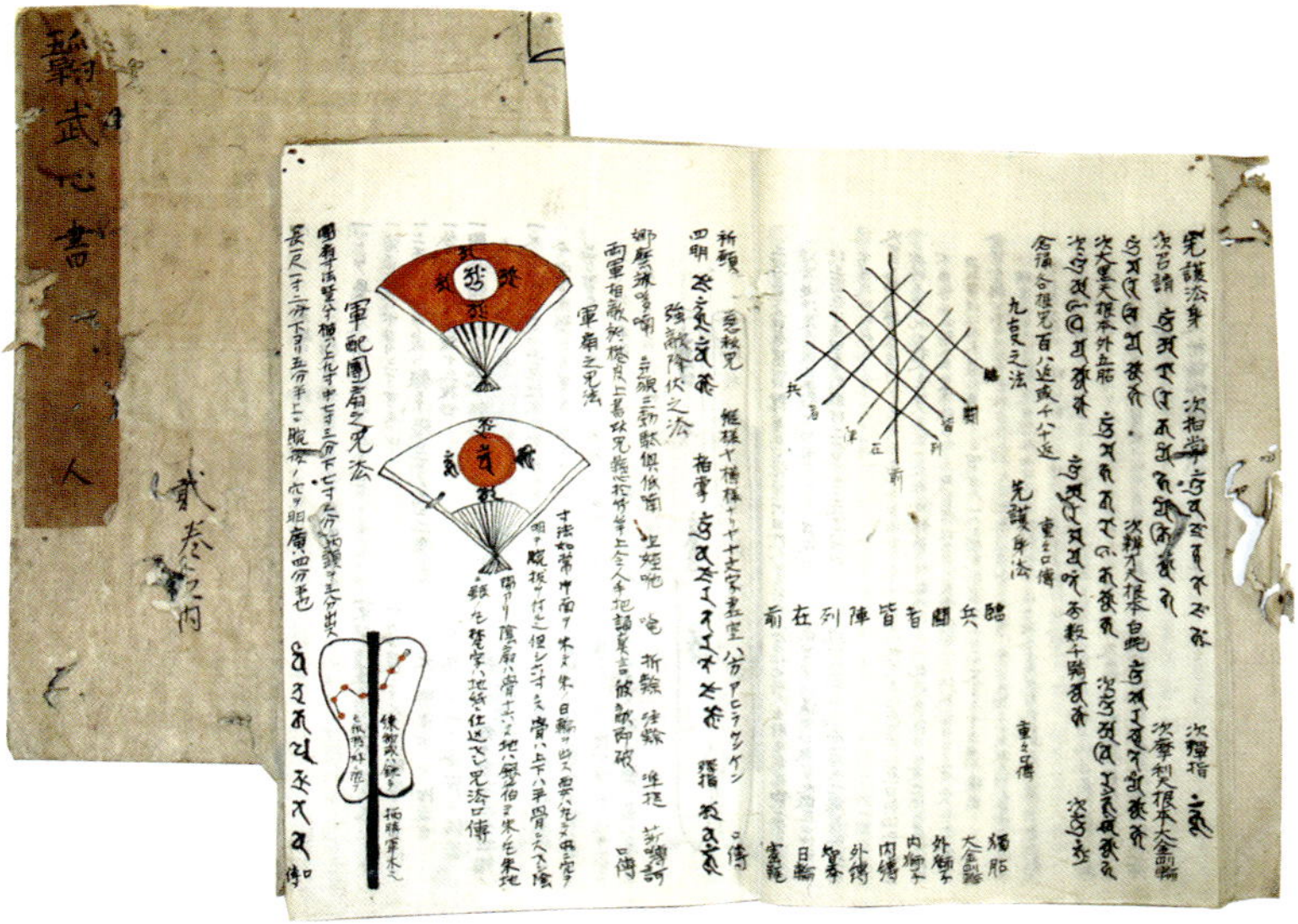

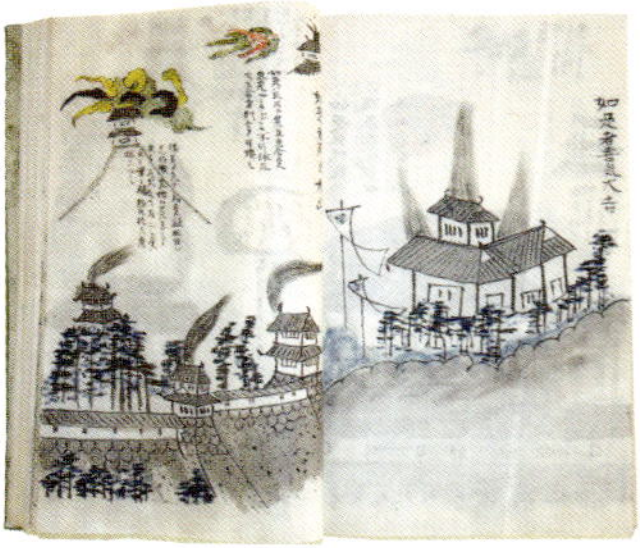

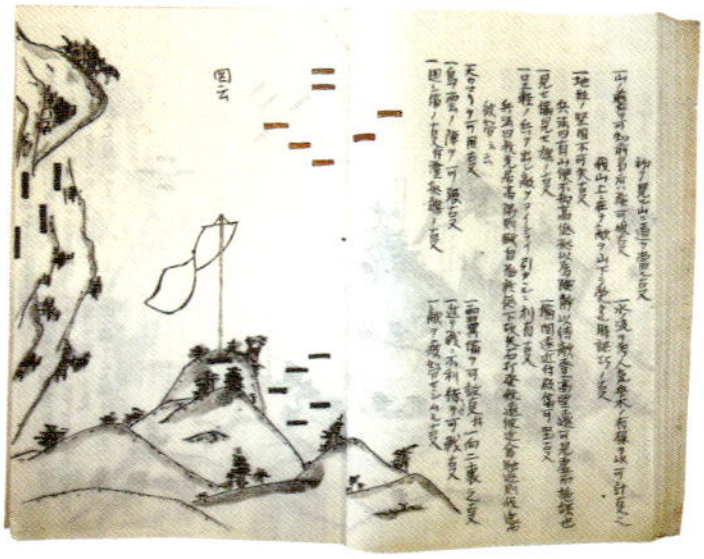

［上３枚］和尚の著作
「韜武新書」

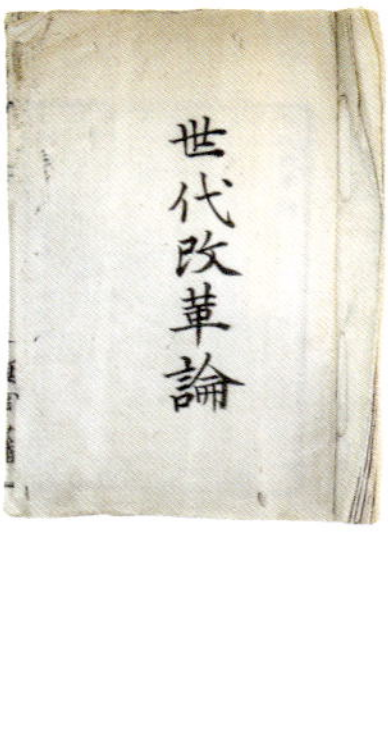

和尚の著作
「世代改革論」と
「帝道民礎」

和尚の日記『遁甲真機』

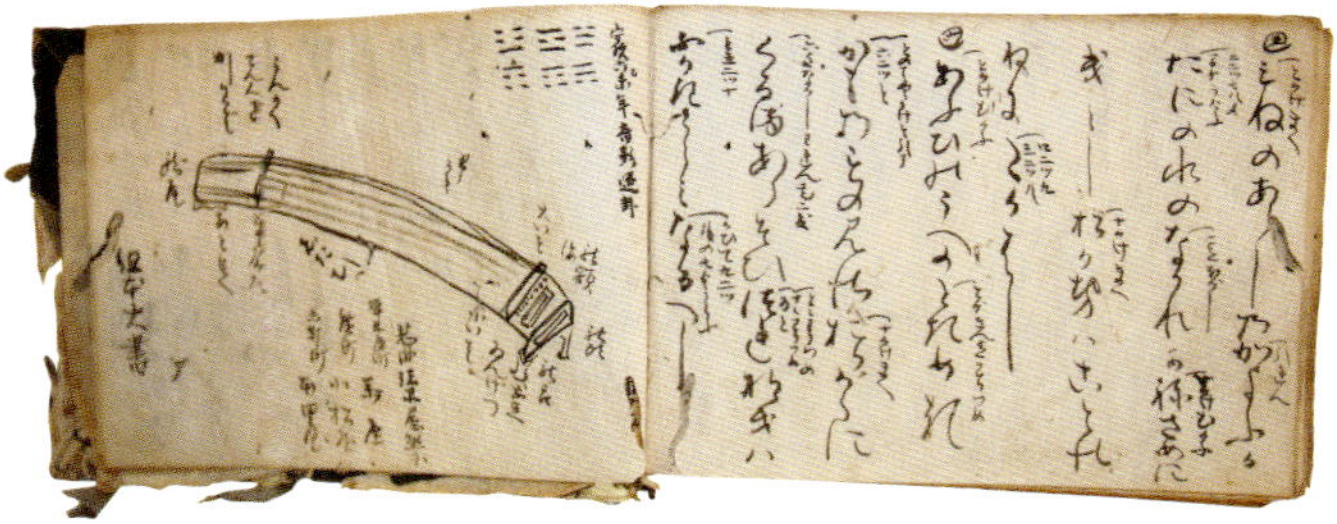

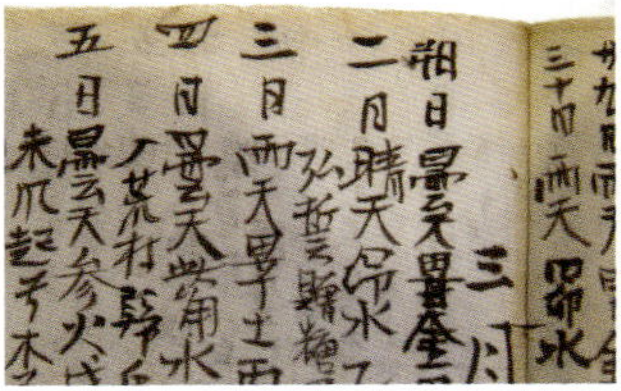

和尚の日記
「歳中記鑑ー
冷暖自知ー」

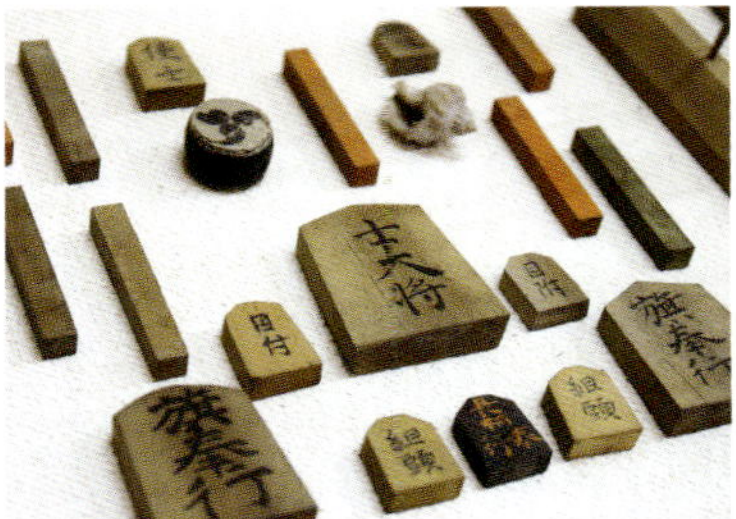

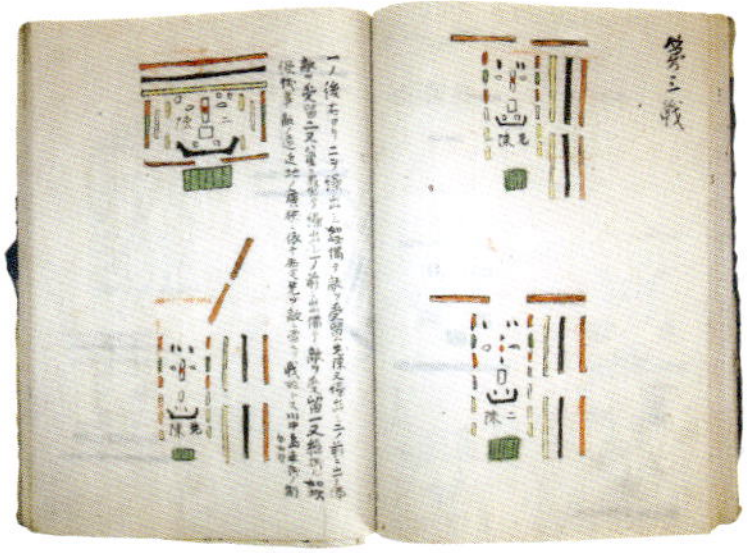

和尚の遺品「兵法図」（右）と「兵法図の駒」（左）

和尚の遺品「金光明照如来書幅」

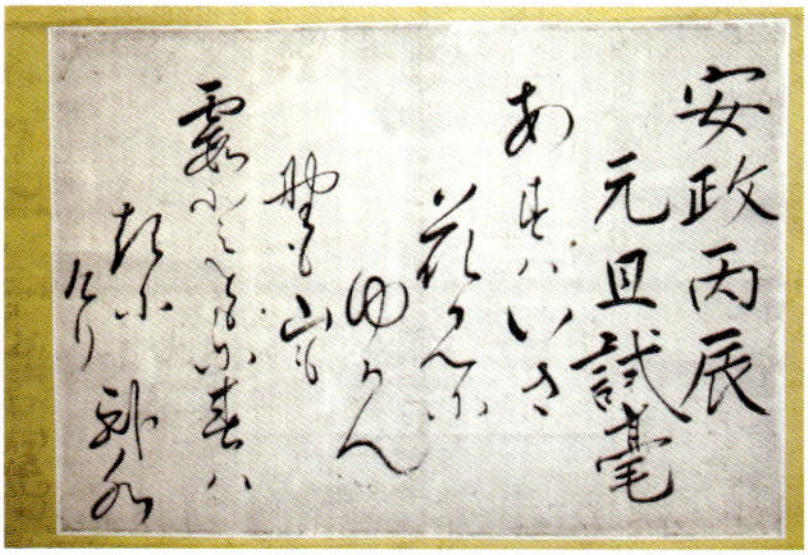

和尚遺墨「あすはいざ花見に行かん」

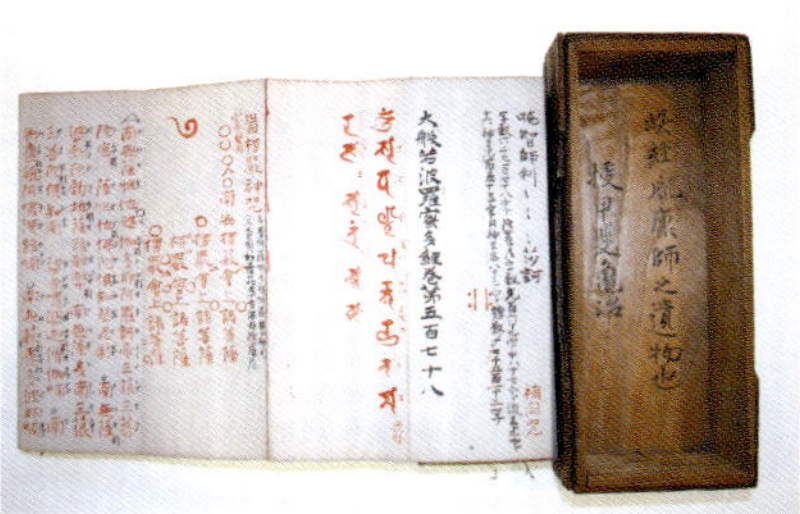

和尚遺墨「大般若理趣文」

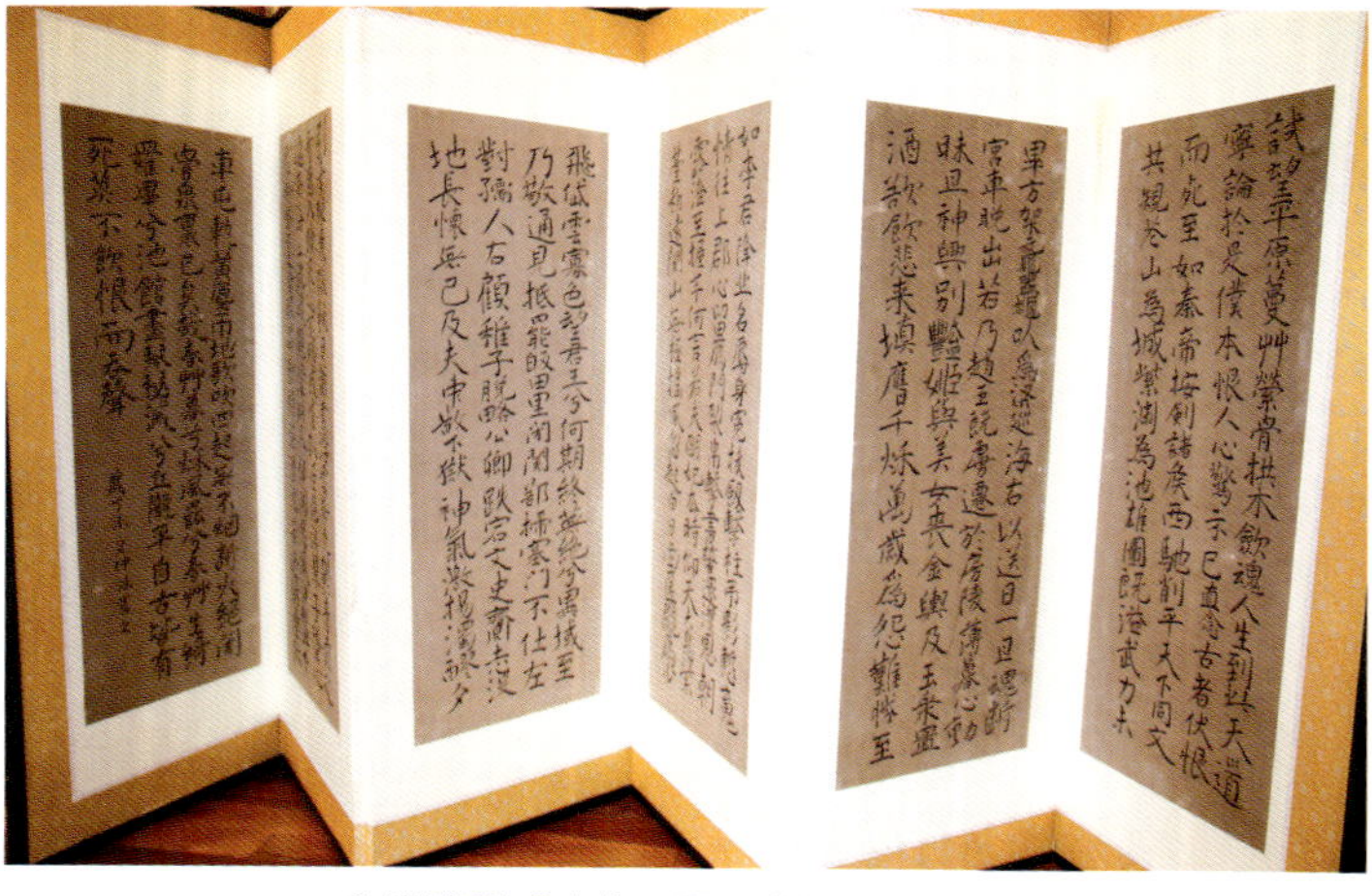

和尚遺墨「六曲一双―文選の一部―」

和尚出陣用の装束

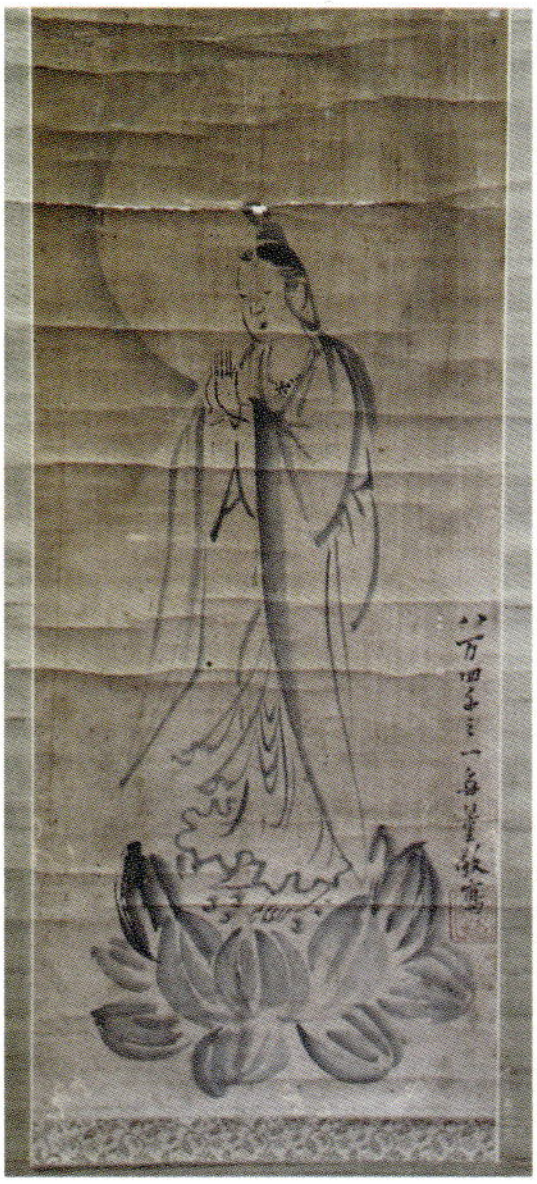

和尚の遺品「観音図」

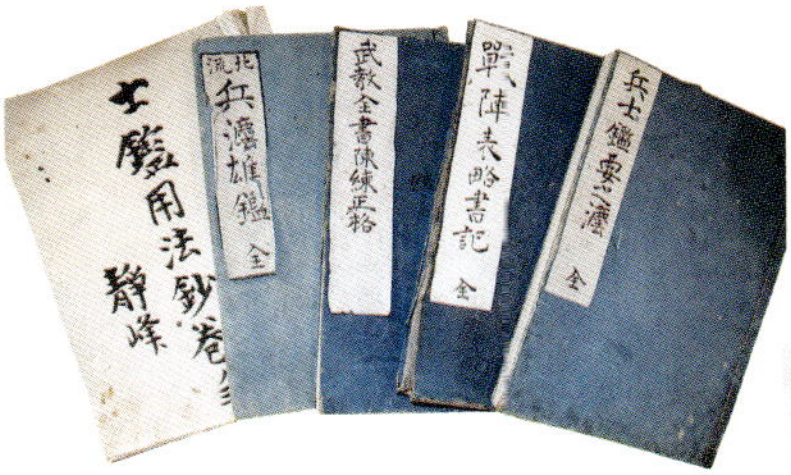

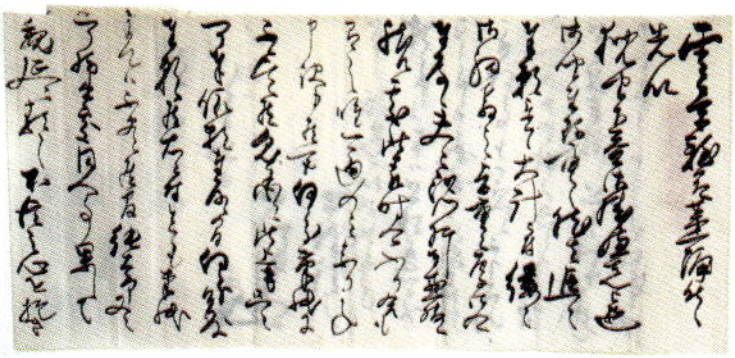

［上］和尚の写本
［右］小河一敏から和尚宛て書簡

「胤康和尚資料館」（慈眼禅寺。右は外観、左は内部）

曽木の火明し
曽木地区で150年つづいている盆の送り火の行事。
胤康和尚の死を悼んで始まったと伝承されている

檀信徒とともに、和尚の墓参り（平成27年10月29日　慈眼禅寺）

まえがき

毎年、桜の花が咲き誇るようになると、境内では胤康祭と戦死者供養が行われます。今では随分と規模が小さくなりましたが、昔は、たくさんの人々が集まり、出店が並び、子供相撲や演芸が賑やかに行われていました。子どもでしたので、深い意味も分からず、その日はワクワクと楽しく過ごしたのを憶えています。成長するにつれ戦死者の供養の大切さや、胤康和尚の人となりを理解するようになりましたが、胤康和尚や戦没者供養が人々の生活の中にそれだけ自然に溶け込んでいたのでしょう。

慈眼寺では、平成六年、胤康和尚の遺品や書籍類を展示する史料館を、檀信徒の皆様のご寄付により建てることができましたが、その時に、そんな方がいらっしゃったとは知らなかったという声を多数お聞きし、時代の流れと共にいつの間にか遠い存在になりつつあることに危機感を覚えました。

慈眼禅寺十四世胤康和尚は、幕末動乱の時代、この北方の地において、時代の趨勢をいち早く感じ取り、果敢に行動された人物です。勤王倒幕運動に身を投じていったのは、人々の幸福のため、より良い世の中を作りたいと望まれたからに違いありません。勤王倒幕は当時の志ある若者だったら、情熱を傾けずにはいられないものだったのでしょう。

明治維新後百五十年、大東亜戦争後七十年、今、日本は幾多の困難を乗り越え、経済的にも発展し、平和な社会を享受しています。しかし、その反面、心の豊かさをどこに置き忘れたのか、殺伐とした事件も後を絶たず、多くの問題を抱えています。

現代を生きる上で私たちは何か指針を持っているでしょうか？　日本人としての誇り得るべき魂とは何かと考える時に、見つめるべき時代の一つは大きな転換期となった幕末であると思うのです。

日本各地でたくさんの志士たちが活躍しましたが、ここ北方の地にも、世の中を変えようと命を顧みずに行動を起こされた胤康和尚という人物がおられたということを知っていただき、誇りに思っていただきたい。また、北方荒谷の甲斐宝作、甲斐亀治、細見の安藤新太郎諸氏は胤康和尚の薫陶を受け、志を同じくし和尚の手足となって活躍されたことも瞠目すべきことです。

和尚が京都の獄でお亡くなりになってから一年後、大政奉還がなされました。あと少し生きておられたら、明治の世をどう生きられただろうと、残念でなりません。きっと新しい世の中のため、奔走されたことでしょう。

本年、胤康和尚百五十回忌の遠忌に、再び和尚伝を世に出す願いを快く聞いて下さり、意訳に尽力してくださった徳永孝一氏に深く感謝申し上げます。

慈眼禅寺住職　久寝正経

目次

胤康和尚――勤王倒幕にかけた生涯

［カラーグラビア］
まえがき……1

一　幼年～少年時代……17
江戸（東京都）の赤塚村に生まれる……17
胤康少年と天休和尚の出会い……18
八歳になった胤康少年……20
天休和尚の修行地・大慈寺……21
天休和尚と胤康少年、九州熊本へ……21
大慈寺を去り日向国へ……22
慈眼寺・大慈寺で経典・古典を読破……23

二　青年～壮年時代……25
活達な胤康和尚、友人との会話……25

胤康和尚の秘蔵品……27
和尚の娯楽・興味……29
和尚の滑稽談《こっけいだん》——猪《しし》わなと宇田紙たこ——……30
胤康和尚の殖産指導……32
師を思いやる和尚……33
和尚の剣術修行……34
和尚の忍術修行……37
機略の人……40

三　勤王の志士時代……43

和尚の勤王《きんのう》思想……43
竹田で勤王思想を説く……44
中川土佐信服す……47
如意輪観音……51
天滝ごもり……54
断食堂《だんじきどう》の遺蹟《いせき》……57

四　岡藩と和尚　61
関西地方二年間の行脚　61
岡藩小河弥右衛門との交流　61
中川式部を説得する　64
藩政改革の支障　69
三たび竹田へ　73
義挙謀議の室　79
時機《じき》漸《よう》く熟《や》す　82
久光鹿児島を出発　86
岡藩志士の動静　89
寺田屋騒動　94
五　内藤氏への義理が仇になる　97
夭休の寿命　97
「虎穴に入らずんば虎児を得ず」　100

和尚、延岡藩士に大義を説く……102
延岡の評議、きびしく迫る……105
和尚召捕《めしと》りの命令……110
和尚捕まる……112
仮屋に入れられる……115
仮屋の説法……118
和尚断食と天休の来延……119
内藤氏父子の苦心……123
「手延び」一件……128

六　和尚、京都へ送られ獄死

134
東海港出船……134
大坂上陸、京都へ護送される……137
和尚を引き渡す……141
和尚の持ち物……145
「宝作儀、心配には及ばず」……148

所司代の吟味……151
絶食か毒殺か……154
辞世の歌に就いて……158

七　勤王の同志たち……161
甲斐宝作事績……161
小河弥右衛門……167
広瀬友之丞……171
墓碑を建つ……173

八　胤康和尚の遺墨及び遺物……180
一　和字功過自知録……180
二　日くり過去帳……180
三　大般若理趣分《りしゅぶん》……181
四　手本と和歌……182

五　面と木刀……182
六　碓咲生華《からうすわろうてはなをしょうず》……183
七　『文選《もんぜん》』中の一編『恨賦《こんふ》』……183

九　胤康遺蹟保存会――186

原著者の後記（巻末記より）……189

〔付録〕
『胤康和尚』の生涯と関連年譜……196
〔解説〕胤康和尚の生涯および本書出版の周辺……徳永孝一　200
あとがき……209

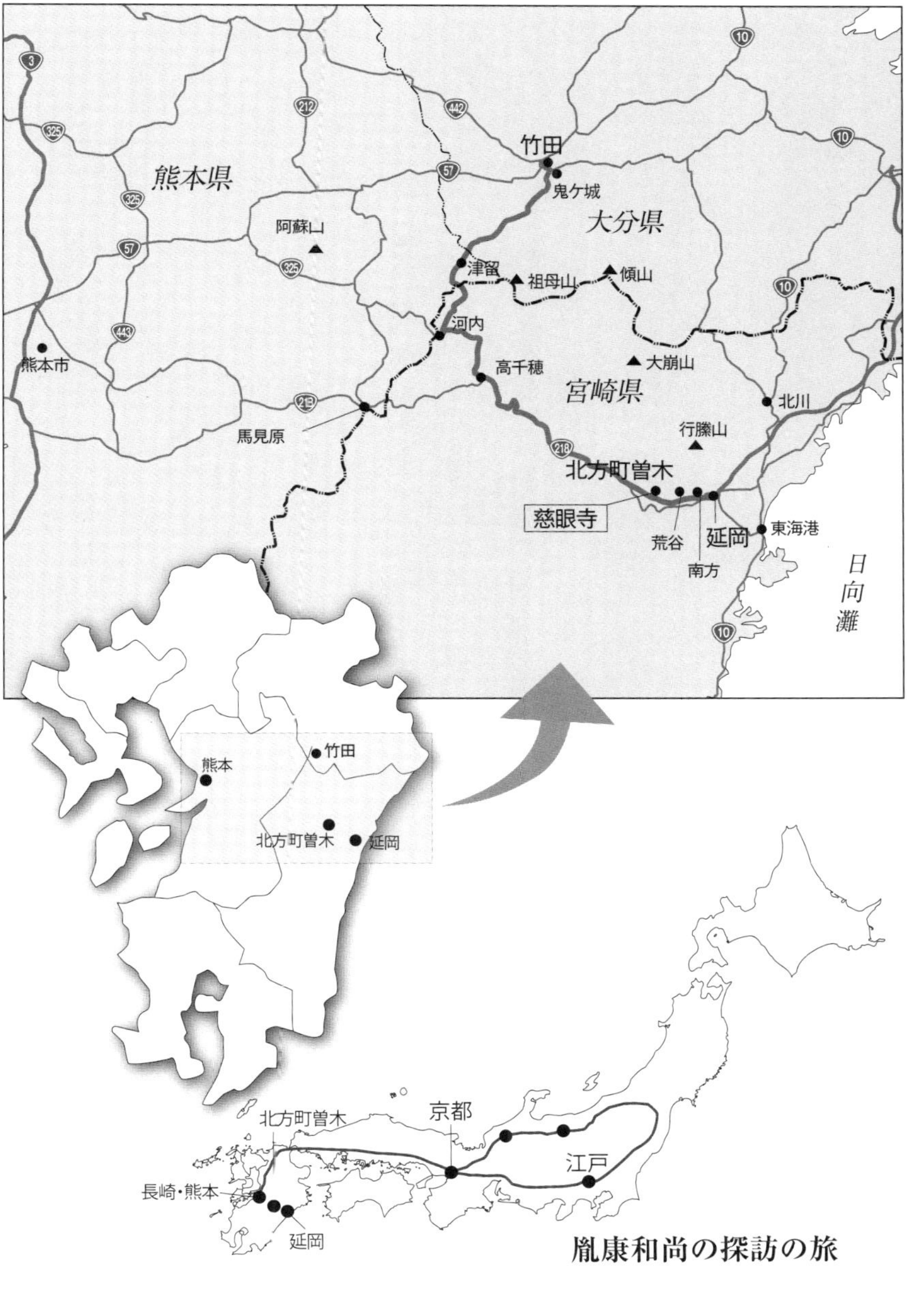
熊本県
大分県
宮崎県
竹田
鬼ケ城
阿蘇山
津留
祖母山
傾山
河内
高千穂
大崩山
北川
熊本市
馬見原
行縢山
北方町曽木
慈眼寺
荒谷
延岡
南方
東海港
日向灘
3
325
212
442
57
10
443
218
竹田
熊本
北方町曽木
延岡
北方町曽木
京都
江戸
長崎・熊本
延岡

胤康和尚の探訪の旅

胤康和尚

——勤王倒幕にかけた生涯

一　幼年〜少年時代

江戸（東京都）の赤塚村に生まれる

胤康《いんこう》和尚は今（平成28年）から一九五年前の、文政四年（一八二一）の春、武蔵国《むさしのくに》（現・東京都）豊島郡《としまぐん》赤塚村[※1]に生まれた。父は同村の篠崎郷右衛門《しのざきごうえもん》という下級武士で、母も同村の北条金五兵衛《ほうじょうきんごべえ》という由緒ある武家の娘であった。和尚の幼名は定康と言った。

和尚が四歳の時、父がふとしたことで病《やまい》をこじらせ、あっけない最期《さいご》をむかえたので、母にともなわれ母方の里に帰った。その後、母方の北条姓は赤塚村には残っていないので、子孫は絶えたものと思われる。

他方、父方の篠崎氏を名乗る縁戚《えんせき》は、今から百年位前の大正時代の初めには、十戸ほど残っていた。そのうち、昔、本家と言われた子孫は酒

※1　東京都と埼玉県にまたがる武蔵野大地の一角にある。東武東上線西台駅と成増駅の間に「赤塚」という地名がのこる。

の小売業をしていた。和尚の生まれた家は以前、火災に遭《あ》い、それから二、三代経過し、大正はじめの主人は兼吉という人で、農業を営んでいた。

胤康少年と天休和尚の出会い

胤康少年の生地《せいち》赤塚村（字《あざ》は下赤塚）に、松月院《しょうげついん》という寺があった。この寺は、今から四五〇年程前に建てられた曹洞宗《そうとうしゅう》[※2]の寺である。

ここは和尚の子ども時代の遊び場で、本堂の屋根に登っては、鳩《はと》の卵を取ったり、寺院の池で鯉《こい》を捕《つか》まえたりして遊んだ。その一方で、御堂《みどう》[※3]に座《すわ》り込み、僧侶から高僧の修行《しゅぎょう》話を聞いたりするなど、仏教の教えにも興味・関心をいだく少年でもあった。

このような少年の振舞《ふるま》いを見ていた寺の住職天休和尚《てんきゅうおしょう》（松月《しょうげつ》院二十七世）は、

『どこか異《ちが》っている。面白《おもしろ》い子だ。弟子に欲しい』

と思ったという。

※2　仏教の禅宗の一派。一二二三（貞応二）年、道元により中国より伝わる。座禅を説く。

※3　寺院で、仏像を安置した建物。

※4　現在は、都営三田線西高島平駅から徒歩二十分。東武東上線成増駅、国際興業バス「赤羽駅」行き、または「志村車庫」行きに乗り「赤塚八丁目」で下車し徒歩二分である。

松月院の山門（現在）

松月院（大正時代）

＊　松月院の由緒　＊

松月院（武蔵国《むさしのくに》赤塚村）の門前には古墳があり、その塚の上には伊勢《いせ》国（現・三重県）の白山権現《はくさんごんげん》が祀られていた。大正はじめ、そこの鳥居に『赤塚』と記した古い額があった。おそらくこの塚が、村の名前となったのであろう。この辺りは、かつて中世時代は豪族千葉氏の支配領域であり、戦国時代までつづいた。江戸時代になると徳川幕府は、周辺の川と平原《へいげん》を利用し、砲術訓練《くんれん》を行っている。

松月院は、鎌倉仏教の一つである禅宗の曹洞《そうとう》宗（開祖道元《どうげん》）で、戦国時代の天正十九（一五九一）年、曇英《どんえい》慧《え》応和尚が開山した。寺領は四十石である。

松月院に行くには、電車で池袋《いけぶくろ》駅から赤羽《あかばね》行きに乗車し、板橋《いたばし》駅で下車する。駅を出て西の方角《ほうがく》に歩き、川越街道の下板橋・上板橋を通り、大山《おおやま》橋・下練馬《しもねりま》を八キロほど進めば赤松村の辻《つじ》にでる。そこを右折《うせつ》して学校の側《そば》を過ぎると、左側に杉と大きな屋根、そして山門《さんもん》が見える。ここが松月院である。[※4]

少年もまた、雨の日も風の日も欠かさず寺に行き、亡き父親に接するかのように、親しみを持って和尚を慕《した》った。それから少年は、母から父が武士であったことを聞き、

『なんとかして自分も、名のある人[※5]になりたい』

と願うようになり、そのためには、大好きな住職さんのような、偉い人になることだと、思うようになった。

八歳になった胤康少年

いつもわんぱくな胤康少年が、八歳となった冬のこと、天休和尚のお部屋に入って行き、神妙な物腰《ものごし》で、

「御坊さまお願いがございます。御弟子にしてください。僧侶になって、人を救います」

と申し述べた。

和尚は願《ねが》っていたことではあるが、あまりの純心さに感涙《かんるい》し、胤康少年を抱きしめて弟子入りを許した。少年の母親も本人の意思なので諦《あきら》め

※5 一般的には、世間で評価される、名声を得ること。だが、江戸時代ではとくに儒教倫理にもとづく徳をそなえた人。

たという。役所への出家手続き[※6]は、油屋をしていた伯父《おじ》に頼んだ。

こうして弟子となった胤康少年は、天休和尚から「彭康《ほうこう》」という名前がつけられ、松月院の鐘をつくようになったのである。

天休和尚の修行地・大慈寺

天休和尚はもと、肥後国《ひごのくに》（熊本県）川尻町《かわじりまち》（現・熊本市）の大慈寺《だいじじ》の弟子《でし》であった。中世、大慈寺は曹洞宗《そうとうしゅう》で、九州では最も古い寺であった。しかし、たびたび兵火《へいか》や火災に遭《あ》い、寺領は十分の一の規模になったという。その後、戦国末期には加藤清正《きよまさ》、江戸時代には細川氏が領有し、五十石余が宛《あて》がわれ、元禄《げんろく》時代には倍に加増《かぞう》された。

天休和尚と胤康少年、九州熊本へ

胤康少年の先生である天休和尚は、仏門はもとより、人としての修《しゅ》行《ぎょう》を積《つ》んだ豪快《ごうかい》な住職であったといわれる。かつて天休和尚が本山《ほんざん》[※7]へ上《のぼ》ることになった時、その途中《とちゅう》、東海道[※8]の宿場《しゅくば》で大病《たいびょう》に罹《かか》り、本山への

※6　仏門に入ること。俗世間を捨てて仏道修行に入ること。

肥後国大慈寺（大正時代）

※7　仏教の各宗・各派を統轄する寺院のことで、曹洞宗の本山は永平寺（福井県）であった。

※8　江戸時代の五街道の一つ。日本橋から京都に上る街道。

納金《のうきん》を治療費《ちりょうひ》として使い果《は》たしたことから、笠《かさ》一本をもって引き返すという体験もした。

このような豪傑肌《ごうけつはだ》の天休和尚は、後に天才兵法家《へいほうか》と称される弟子の胤康少年を連《つ》れ、松月院を去ることになった。天保《てんぽう》二（一八三一）年、胤康少年十歳のときのことであった。

二人は山を越え、谷を渡り、相携《あいたずさ》えて、天休和尚ゆかりの地大慈寺（肥後国）へと向かった。途中、夏の炎天下《えんてんか》の歩行であったので、胤康少年の足腰《あしこし》が叶《かな》わなくなり歩けなくなったので、和尚が少年を背負《せお》い、目的地の肥後国川尻《かわじり》に落ち着いた。

大慈寺を去り日向国へ

天休和尚と胤康少年は、肥後国に足かけ二年滞在《たいざい》し、天保三（一八三二）年、理由はわからないが、大慈寺を去ることになった。向かった先は日向の国である。

当初、槇峰《まきみね》地方に滞在したが、しばらくして延岡の台雲寺《だいうんじ》[※9]に身を寄せ

※9　曹洞宗《そうとう》。延岡市岡富北小路《こじ》にある。

天休和尚と胤康少年の日向延岡への道

た。そこで、延岡の北方村曽木《そき》に在《あ》る「善財院《ぜんざいいん》」という寺の住職《じゅうしょく》が不在であったことから、都合よく天休和尚は住職を勧められた。それは、天保四（一八三三）年のことで、同行した胤康少年は十三歳になっていた。

それから二年が経過したころ、天休和尚は、「善財院《ぜんざいいん》」から同地の慈《じ》眼《げん》寺《じ》の住職となり、十五歳の胤康少年も同寺に移ったのである。

慈眼寺・大慈寺で経典・古典を読破

五年前、江戸の松月院を旅発《たびた》ったころの胤康少年は、故郷を懐《なつ》かしみ、母や兄弟を慕《した》い、涙を流したこともあった。しかし慈眼寺に住むようになって、いささかの不安もなく成長し、御坊《ごぼう》［※10］と一緒《いっしょ》であることも手伝い、少年後期、一所懸命、経典《きょうてん》を読み、修行《しゅぎょう》に励んだ。

御坊は、胤康少年の教育係を熱心に務《つと》めたので、虎《とら》の子が急峰《きゅうほう》を攀《よ》じ登るように、その効果にみるべきものがあった。胤康少年は何を教えても会得《えとく》（理解）が早く、「一偶《いちぐう》を挙《あ》げて三偶《さんぐう》を以《もっ》て返す」［※11］といった状況で、御坊は、傍《かたわ》らに置いて「彭康《ほうこう》」（胤康少年の名前）とよび、愛《いと》しんだ。

台雲寺（大正時代）

慈眼寺（大正時代）

※10　天休和尚のこと。
※11　一つの偶を持ち上げるだけで他の三つの偶まで返してしまうこと。

このような慈眼寺での猛烈《もうれつ》な修行《しゅぎょう》（勉学）は数年続き、その精進《しょうじん》の成果《せいか》に、御坊は手を打ち、時には舌《した》を巻《ま》いて「蛇《だ》は寸にして呑牛《どんぎゅう》の気あり」[※12]と喜んだ。

このように少年から青年に成長した胤康は、慈眼寺に所蔵《しょぞう》されている諸経典《しょきょうてん》を読破《どくは》した。それからは一切経《いっさいきょう》[※13]を読むため、かつて滞在《たいざい》した肥後国川尻の大慈寺に出向《でむ》くことになった。それは天保九年、胤康十八歳の春のことである。

以来、広く仏教諸派の経典《きょうてん》をはじめ、儒教《じゅきょう》の経典、さらには日本の古《こ》典籍《てんせき》など、数年にわたって刻苦勉励《こっくべんれい》、読破《どくは》した。それとともに曽木慈眼寺に、時々帰郷し、心身ともに天休和尚に仕《つか》えた。胤康青年は、その時の思いを次のように語っている。

「親の恩《おん》は尊《とうと》い。師の恩も尊い。自分はこの二つの尊い恩を御坊様（天休和尚）から受けている。御坊様は親にして師、師にして親じゃ。有難《ありがた》くも、また、もったいない。御恩報《ごおんほう》じを二重《ふたえ》にせねばならぬ」

※12　恐れられる人だが、気持の大きい人である。

※13　仏教聖典の総称で大蔵《だいぞう》経《きょう》ともいう。

二　青年〜壮年時代

活達な胤康和尚、友人との会話

当時、僧侶の個人的持ち物は、手づくりが多かった。胤康和尚（以下和尚と記す）も、二升入りの「鉄鉢《てっぱつ》」[※1]を持っていたといわれる。

和尚は持ち物等について、檀家の甲斐《かい》宝作《ほうさく》（以下宝作と記す）と問答を交《か》わしているが、その時の様子を紹介する。

和尚は、大きな桃の種粒《たねつぶ》ほどの「数珠《じゅず》」[※2]を持っていた。宝作が種粒の「数」のことを聞くと、

「数はいくつでもよい。百八《ひゃくはち》にするということが、もう煩悩《ぼんのう》だ」[※3]

と笑って答えている。さらに続けて、

「数珠は数とりだ。商人《あきうど》の算盤《そろばん》と等しい。世の坊さんは、やたらに固《かた》

※1　仏教用語で、僧侶が托《たく》鉢《はつ》の時に用いる器。現在は伝来しない。

※2　仏教の用具。珠を一〇八個糸につらねてつくる。仏を拝むとき、手にかけて称名の数などを数えるのに使う。

※3　悟りの妨げになること。

く考えるが、それには当たらぬ。両方に各々《おのおの》五十四粒《つぶ》、一方のは菩薩《ぼさつ》の十位《い》、十行《ぎょう》、十廻向《えこう》、四善根《ぜんこん》、十地《ち》の五十四位を表し、一方のは修生修顕《しゅうしょうしゅうげん》[※4]の位地を示している。円《まる》くするのは断惑証理《しょうり》[※5]の形で、一位一位を繋《つな》いで、珠《たま》を貫き通したのは、一行者《ぎょうじゃ》遍《あまね》く諸位を歴《へ》ると教えるが、そうでないかも知れぬ」

と笑って答えた。さらに続けて、

「『如意《にょい》』[※6]なども、『天滝籠《てんたきこも》り』[※7]の土産《みやげ》である。彼《か》の山の上のツツジの根株《ねかぶ》で作った。」

という。和尚の説明はさらに続く、

「宝作さん、これも勿体無《もったいな》いものではない。背中かきだ、麻姑《まこ》（孫）の手だ。[※8]時には公案《こうあん》[※9]でも書いて、小僧《こぞう》らの手板《ていた》代わりにはなろう。御仏前の物曳《ものひ》く小ネズミをちょいと打つには手ごろだ」と。

宝作はたいへん興味をもって聞いた。そして、

「払子《ほっす》[※10]も、やはりそのような物であろうか」

と質問した。和尚は、

※4　修行と仮の教え

※5　仏教用語。煩悩を断って、真理を悟ること。

※6　仏教の説法・法会に講師・尊師が所持する道具。

如意

※7　天滝は慈眼寺近くにある。胤康和尚の精神と武術を鍛錬する場所であった。

※8　「如意」は「まごの手」の変形したものと伝わる。

※9　禅宗で悟りの手がかりとして参禅者に与える課題。

※10　仏教法具の一つ。禅僧が煩悩を払うのに用いる。

「そうそう」とうなずいて、傍《かたわ》らにある払子を執《と》るなりヒュッと一払《ひとはら》いした。つづけて、

「この世の塵払《ちりはら》いだ。蚊《か》や蠅《はえ》のうるささに、さっとやるまでのものだ。しかし自分が持っていたものだと言えば、後の世には宝物になろう。宝作さん、その人貴《とうと》ければその物尊《とうと》しだ」

と和尚は述べた。

そのほか和尚の着衣《ちゃくい》について、整理しておこう。

「法衣《ころも》は渋染《しぶぞめ》の赤いのが、ただ一領《いちりょう》[※11]。それを白衣《はくい》の上に纏《まと》いて、どのような大法会《ほうえ》にも出てゆく」

「そんな時に他の住持《じゅうじ》（住職）を見ると、いずれも金襴《きんらん》[※12]目映《まばゆ》き華美《かび》の袈裟法衣《けさころも》で練《ね》りだす。檀那信徒《だんなしんと》の善女人《ぜんにょにん》[※13]が気の毒がって、『綺麗《きれい》なものを作って進ぜましょう』と言えば、『いや、結構《けっこう》々々』と首をふる」

胤康和尚の秘蔵品

和尚には秘蔵《ひぞう》の品が二つあった。その一つは手づから縫《ぬ》った陣羽織《じんばおり》で

※11 装束などを数える単位。ひとそろいのこと。

※12 金糸を主調にして文様を表した織物のこと。

※13 仏法に帰依した女性のこと。

ある。長崎の町で買い入れた緋羅紗《ひらしゃ》に、萌黄《もえぎ》の縁《ふち》をとった立派な物。背中一ぱいに抜いた白羅紗《しろらしゃ》[※14]北条鱗《ほうじょううろこ》[※15]を着用して歩くこともあった。

ある日のこと、誰かわからないが、慈眼寺の門に駄馬《だば》が繋《つな》がれていた。和尚はいつもの陣羽織《じんばおり》に木刀《ぼくとう》を入れ込み、ひょいと馬に飛び乗り、一鞭《ひとむち》激《はげ》しく打った。それと同時に馬は駆《か》け出したので村の衆《しゅう》はビックリした。「何事か起こったぞ」と、いろいろな噂話《うわさばなし》でいっぱいであった。やがて和尚の一興《いっきょう》[※16]であることがわかった。馬の主は薪《まき》を売る女性であることがわかり、一緒になって笑ったという。

後の話になるが、和尚が幕末動乱に際し、岡藩（大分県竹田）の二番手である義兵《ぎへい》を率《ひき》いて、上京することに事が運《はこ》んだならば、この陣羽織が一段と人目を引いたであろう。だが惜しいことに、空しく櫃《ひつ》[※17]の中の秘蔵品として済《す》んでしまった。そして今日[※18]、不明でありどこへ行ったのだろうか。

和尚の秘蔵品でもう一つは、天休和尚から譲《ゆず》られた大印籠《いんろう》である。珍しく出来栄えのよいものであったが、これも現在[※18]は所在不明となってい

※14　羊の毛で織った織物。
※15　三角形の模様のこと。
※16　興味本位《きょうみほんい》で人の関心をひくこと。
※17　大型の四角い容器で上に向かって蓋《ふた》の開くもの。
※18　いずれも、原著発刊の大正時代をさしている。

る。

和尚の娯楽・興味

和尚の娯楽《ごらく》は、囲碁《いご》や将棋《しょうぎ》を嗜《たしな》むことで、どちらもすこぶる強かったという。

盆景《ぼんけい》[※19]は、和尚自慢の技芸であった。かつて慈眼寺に「富士百図」が伝えられていた。

最も得意《とくい》なものは、小石の白と黒を対陣《たいじん》させ、盛んな軍勢《ぐんぜい》の配置を表現するものであった。この戦術《せんじゅつ》の流儀《りゅうぎ》について尋《たず》ねられると、「胤康流じゃ」、いや「孫呉《そんご》流じゃ」といって、

「石州《せきしゅう》でもなく、堀川《ほりかわ》でもなく、遠州《えんしゅう》[※20]でもない。……宝作さん習いませんか」

といって笑い出した。

さらに、月琴《げっきん》[※21]も自《みずか》ら作って自ら弾《ひ》いた。地元の甲斐文哲《ぶんてつ》の妻きん子及び長女もん子らは和尚《おしょう》を師《し》として稽古《けいこ》した人たちである。

※19　盆の上に石や砂を配置した山水の風景

※20　小堀遠州は茶道の開祖として名高いが、城郭などの普請奉行としても知られる。

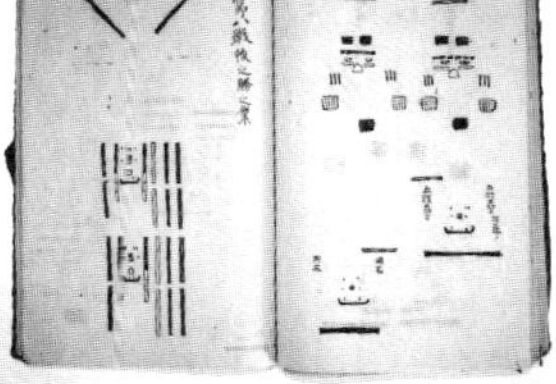

和尚の遺品「兵法図」

※21　中国の明・清時代の楽器で、江戸時代に伝来した。リュート属の弦楽器。

和尚の滑稽談《こっけいだん》——猪《しし》わなと宇田紙たこ——

和尚は狩猟《しゅりょう》に往《ゆ》きたいと思っていた。しかし、檀家《だんか》の「殺生《せっしょう》を慰《なぐさみ》になさっては」との遠慮《えんりょ》から、誰も一緒にと勧《すす》める人がいなかった。

ところがある日のこと、甲斐都留治《つるじ》、貞隠居《さだいんきょ》こと伊藤貞治《さだじ》、甲斐百太《ももた》郎《ろう》らと共に、猪狩《ししがり》[※22]にでかけた。

途中、猪《しし》わなを見つけた。物好《ものず》きな和尚は『かかってみたいな』と立ち止まった。同行者《どうこうしゃ》からは大事（物騒《ぶっそう》）なことゆえと止《と》められたが、和尚は聞き入れず、笑いながら下の方へ降りていった。同行者が見ていると、猪《しし》の真似《まね》をして勢《いきお》いよく猛烈《もうれつ》に駆《か》け登り、そして猪わなにぶつかった。そして矢が発射《はっしゃ》し縄《なわ》が切れた。

和尚は細引《ほそひ》き綱《つな》でくくられたまま、太い枝に吊《つ》るされ、ぶらりぶらりと逆《さか》さまになっている。一行三人は即座《そくざ》に取り巻いたもののまごついている。イノシシであれば叩《たた》き殺して降《お》ろせばよいが、人間が罠《わな》に掛《かか》っているので、どうすることもできなかった。その時、両手をバタバタさせ

※22　イノシシ狩り。「シシ」は一般に野獣のことで、とくに食肉で捕獲する猪（いのしし）、鹿（しか）をいう。

曽木の市街（大正時代）

ながら「猪が死ぬぞう、死ぬぞう」と和尚の叫ぶ声がしたので、一行は安堵《あんど》し大笑いをしたという。

曽木は昔から凧揚《たこあ》げのはやる所であった。なかでも曽木原《そきばる》という広い土地には、大きな凧が数多く揚がる。参加者は子供から大人までで、和尚も凧揚げが大好きであったから、参加者の一人として、夢中《むちゅう》になって走ったり踊《おど》ったりする姿が見られたという。

大きな凧には宇陀紙《うだがみ》［※23］が数十枚も使われていた。好奇心《こうきしん》の強い和尚は、大きな凧にぶら下がってみたいと思った。周辺の人は、「それだけはやめてくれ」と止めたが聞き入れず、「ちょいと、ちょいと」といいながら、凧に取り付いた。と、風がとっさに吹きだし、瞬間《しゅんかん》、凧は地上を離れた。

凧は条銅《すじがね》を弓張《ゆみは》り［※24］にしてあり、ブウンブウンと唸《うな》りつつ、空高く舞い上がった。さらに押し揚げられ、和尚の頭がみかんの橙《だいだい》ほどの大きさに見える頃、手を離した。橙は流星《りゅうせい》のように落下《らっか》してきた。

こうして水は浅いが、泥《どろ》の深い池に落ち込んだ。人々が集まって和

曽木原（大正時代）

※23　大和国（奈良県）宇陀郡産の厚手の和紙。

※24　凧を堅固にするために、細長い金属を弓の弦を張ったようにつけること。

尚を助け起すと、「天人が落ちた。天人が落ちた」と腰《こし》をさすりながら、歩いてきた。顔も頭も泥だらけである。村人たちは手を打《う》って歓《よろこ》んだ。

胤康和尚の殖産指導

和尚は自ら糸繰車《いとぐるま》［※25］を作って、木綿《もめん》を懸命《けんめい》に紡《つむ》いでいた。裁縫《たちぬ》い［※26］もすこぶる上手で、綿入《わたい》れをはじめ、羽織《はおり》までも仕立てた。曽木の婦人たちの及ぶところではなかった。和尚は地域の女性たちを次のように励ました。

「女性は、『やさしく、そして美しく』生まれてきた。だから炭俵《すみだわら》を運んだり、薪《まき》を伐《き》り出したりすることは、あまりにも痛々しい。蚕《かいこ》でも飼《か》って、絹糸《きぬいと》を採ることを覚《おぼ》え、手織《てお》り縞《しま》［※27］に女振《おんなぶ》りを上げよう」

大正時代の慈眼寺付近には、良い桑《くわ》の木があったといわれる。和尚が、江戸末期の関東遊歴《ゆうれき》の時に持ち帰ったものであろう。そのころの曽木には、地機《じばた》［※28］しかなく、和尚はそれがもとで余計な骨折《ほねお》りになっていると考え、高機《たかはた》［※28］を作って示し、織り方も手をとって教えた。

果樹《かじゅ》の栽培《さいばい》も当時行われていたが、柿と梨の品種を統一させたり、移

※25　繭・綿などから糸をつむぎだし、またそれをより分けるのに使う用具。

※26　布を裁って着物などに縫うこと。「さいほう」のこと。

※27　織柄の一つ。二種以上の色糸を使って種々の筋模様をあらわしたもの。

※28　いずれも手織機のこと。地機は脚がなく床に直接置いて使ったのに対し、高機は脚をつけて丈を高くし、踏木を使うなど構造を改良したもの。

植や接木《つぎき》に新しい工夫を授けたのも和尚である。

さらに杉の造林指導《ぞうりんしどう》を行い、地域へ貢献《こうけん》している。曽木地域の中で挿穂《さしほ》をしても根がつかない所があった。村人もあきらめていたが、和尚が現地に行ってみたところ、大丈夫であることがわかり、「湿気のない寒中に挿《さ》せばよい」と教えた。いずれもその通りにやってみたら、一本の補植《ほしょく》もいらず、極《きわ》めてよい成績であった（場所としては田の口山など）。

師を思いやる和尚

和尚の師御坊（天休和尚）は、晩年《ばんねん》、内臓《ないぞう》を痛め便秘《べんぴ》に悩《なや》まされていた。さらに半身が不随《ふずい》となり、寝起《ねお》きの世話も、和尚が抱《だ》きかかえてする状態であった。厠《かわや》[※29]に上る時も背負《せお》って往《ゆ》き、腰《こし》を揉《も》み背中《せなか》をさすり、手で摘《つ》まみ出して用便を済ませた。

檀家の甲斐宝作は、この様子を見て「私が代わりましょう」と申し出たが、和尚は即座《そくざ》に、

「これは私の役目だ。大千世界《だいせんせかい》、任《まか》せる人はいない」

※29　現在でいうトイレのこと。

と手振《てぶ》りと眼の動きで伝えた。

御坊が病床から『彭康《ほうこう》』[※30]の名を呼べば、どこで何をしていても、「はーい」と高い声で返事した。そして十二、三歳の小僧のように、身をかわして病床へ走って行ったという。

和尚の剣術修行

和尚は剣術がことのほか好きであった。これも幼少年時代、御坊から授《さず》かったものである。曽木に移ってきてからも、相手かまわず修練《しゅうれん》に挑んだ。庭の大木を相手にすることもあり、本堂の柱も相手になった。流義のことを聞かれると「御坊さま直伝《じきでん》だ」と笑い、さらに「大隣天休偉勇胤康流《たいりんてんきゅういゆういんこうりゅう》だ」とすまし顔で答えたという。

手習《てなら》いに来る子どもでも、夜話《よばなし》に集まる中年の門徒《もんと》でも、徐々《じょじょ》に剣術を教えていった。そして相手には面をかぶせるが、自身は多くの場合、素面の坊主鉢巻《はちま》きで、頭はいつも傷だらけであった。

雨の夜の慈眼寺では『御話《おはなし》』が始まる。いつも面白い肉の躍《おど》るような、

※30　和尚の幼名

血の湧《わ》くような事ばかりで、若い者は、芝居など見るものではないと言っていた。和尚の剣術《けんじゅつ》指南話《しなんばなし》の一部を次に記す。

「いったい剣術というものは、思案分別《しあんふんべつ》を残さず、振り上ぐるを見るや否や、心をそっと止めず、そのまま付け入って、向こうの刀に取り付くことだ。我を斬ろうとする刀を、もぎ取って向こうを斬る刀にする。還《かえ》って鎗頭《そうとう》をとり刺人《せきじん》を斃《たお》し来るとは[※31]ここだ。無刀流などはこの訳《わけ》からきている。肝要《かんよう》は心を止めぬにある。心を止めたが最後だ。手前の働きはお留守《るす》になる。この心を止めぬことを不動という。物に心が止まったならば、手も足も利《き》かぬ。十人の敵を受けたとしても、一《ひと》刀《たち》を受け流して跡に心を止めねば、十人続いて来ようとも、一時に来ようとも、受ける刀は一本だ。一本は一本の敵であるが、その一本一本に心を止めれば、二本目で二本になり、三本目で三本になり、だんだんと敵が増《ふ》えるとも、そこを治《おさ》めておけば、大丈夫だ。満身これ手となり、満身これ眼となって、いくら多勢《たぜい》を前にしても頓着《とんちゃく》はない。間髪《かんぱつ》を容《い》れずということが大事で、手をはたと打つと直《す》ぐ声がでるよ

※31　やりを取り相手を殺すこと。

うに、打つ手と声の間には、髪一筋《かみひとすじ》も入らぬように、向こうの刀と我が働きとの間に、何物《なにもの》もないようにしなければならない。、わからねば、一つ遣《や》ってみようか」

和尚は興《きょう》に乗《じょう》じて躍《おど》り出し、暗闇《くらやみ》の庭に下りて「さあ此処《ここ》に来たれ」と勇み立ち、ハハハと笑い出した。

また、ある夜の話に『石火《せっか》の機』というのがある。

「石を打つ、光が出る。その間に透《す》き[※32]はない。それが刀打《たちう》ちの機というものだ。宝作さんと呼べば、ハイと答える。呼ばれても、誰かしらと考えつつ、ハーイと言っていると、敵は疾《と》うに逃げてしまう。それには常に、常の修行だ。心の置き所が出来ておらねばならぬ。心の宿はへその下だ」

と四方を驚かすような声高で話したという。

このように何事をさせても、何を話させても、世間一般から飛び離れたことが多く、村人の随喜《ずいき》[※33]は一通りではないが、その多くは実際よりも読書から得たものらしい。自分の閲歴《えつれき》よりも工夫した状態のままである

※32　すきまのこと。隙とも。

※33　心からありがたく感じ、大いに喜ぶこと。

という。

剣術の道具（竹具足《たけぐそく》・竹刀《しない》・面《めん》・籠手《こて》）などもすべて手細工で、立派にできている。木刀は白樫《しらかし》で、長さは三尺（約九十センチ）、刀身に『嘉永《かえい》戊《つちのえ》申《さる》［※34］八月中旬彭康《ほうこう》』と漆《うるし》で書いてある。

和尚の忍術修行

忍術《にんじゅつ》は忍《しの》びの術である。忍び込んで働く術である。それには精神と肉体をすさまじく練《ね》り鍛《きた》えるのである。いかなる危《あぶ》ない場合でも、いかなる怖《おそ》ろしい機会でも、びくともしないで、なすべきことを為《な》し遂《と》げる、その修行である。ゆえに忍び込む術であって、また忍びに耐《た》える術でもある。この術が精彩《せいさい》になり、微妙《びみょう》に入ると、人間業《にんげんわざ》を離れてくるので、往々《おうおう》魔《ま》法使《ほうつか》いのように言われる。忍術そのものは武芸《ぶげい》でないかもしれないが、忍術によって武芸を発揮《はっき》し、徹底《てってい》させることが多い。

和尚は忍術について、優《すぐ》れた見識《けんしき》を持っていた。宝作に向かって、

「忍術は手品《てじな》ではない。人の出来ぬ辛抱《しんぼう》をする。お釈迦《しゃか》さまは忍術の

和尚の遺品「木刀」

和尚の遺品「剣道面」

※34　嘉永元年＝一八四八年

師範《しはん》だ」

と述べた。実に釈尊《しゃくそん》（釈迦）が世界の人類を夢幻《むげん》より救い上げようという、その初発心《しょほっしん》以来、いかに精神と肉体とにおいて、忍び耐えられたことであろう。和尚は早くもこれに考えが及んでいたのだ。

和尚の忍術修行は、慈眼寺に移ってから始まったものである。例の気《き》質《しつ》であるから、残酷《ざんこく》なほど、我と我が身をこなした。そして同時に我と我が根性骨《こんじょうほね》を叩《たた》き折った。

まずは幅跳《はばと》びと高跳《たかと》びの修行。これは一坪の土地に麻《あさ》の実《み》を蒔《ま》く。その実が追々《おいおい》と芽立《めだ》ってくる。その上を跳び越えるのである。一日に幾百回。そうして前跳《まえと》び、後ろ跳び、左跳《ひだりと》び、右跳《みぎと》び、斜《なな》め跳び、盲《めくら》跳び[※35]を、それぞれ幾百回。そうしているうちに、麻が成長してくる。だんだん高くなってくる。はじめは三尺《さんじゃく》くらい、毎日の修行が麻の丈《たけ》とともに上進《じょうしん》する。

幾百回となく跳び越える。前後左右縦横無碍《むげ》に跳びはねる。麻は日に伸び時に伸びて、四尺となり、五尺となり、六尺、七尺、八尺に成る。

※35　手ぬぐいなどで目を隠して跳ぶこと。

見上げるばかりの麻を前に、合気《ごうき》一番、平地を行くようになる。

慈眼寺の庭は狭《せま》かったが、それでも和尚は、幾千回の飛舞《ひぶ》跳躍《ちょうやく》をえたのであった。この一点のみをもってしても、曽木は確かに霊《れい》の地であることを失わない。

さて、高跳《たかと》び・幅跳《はばと》びが済《す》めば、這《は》い方の修行である。それはまず平地を這いまわるため、四足《よつあし》になる修行である。獣《けだもの》の真似《まね》の稽古《けいこ》である。やがて斜面《しゃめん》を這い、急勾配《きゅうこうばい》を這い、絶壁《ぜっぺき》を這い、天井を這うというふうに進んでいく。

和尚が猪《しし》わなにかかったことを話したが、その時、土手《どて》の下から奮迅《ふんじん》の姿勢で這いあがってきたのは、平生《へいぜい》の修行を実地に応用してみたのである。「猪よりも速かった」と貞隠居《さだいんきょ》が驚嘆《きょうたん》したのも道理《どうり》である。

次は高い所から落ちる修行である。これも初めは庭に藁《わら》か大布団《おおぶとん》を敷《し》いて、屋根からその上に跳び降りる。それもまた幾百回を経《へ》ると、後ろ跳びに下り、左右跳びにも下《お》りることができ、ついには寝《ね》ころんだままの跳び下りができる。それをだんだん高く高くと上げていって、寺の大屋根や、豪家《ごうか》の土蔵《どぞう》の上からやる。果ては天に参《さん》する三千尺[※36]の樹梢《じゅしょう》からでも跳び下りる。

和尚が曽木原の大凧《おおだこ》にぶら下がったのも、平生《へいぜい》の修行を実地に応用したものである。すなわち、流星《ながれぼし》のように落下する間に、一度や二度は宙返《ちゅうがえ》りをするなど、地に達するまで空気中での重力調節を図っていたものと理解する。

このほか挙げれば限りないが、水中・火中・風震《ふうしん》・雷電《らいでん》などの際の、忍耐《にんたい》・疾病《しっぺい》・飢渇《きかつ》の苦しみなども体験している。後に述べる『天滝籠《てんたきごも》り』は、人知《ひとし》れずこの忍術修行をおこなっていたということであろう。

和尚が胆甕《たんかめ》[※37]のようにあるのも決して天資のままではない。

機略の人

ある日のこと、和尚は扇子《せんす》一本を片手に、左右にチョイチョイと動かしていた。そこに甲斐百太郎《ももたろう》が竹刀《しない》を和尚めがけて振りかかり、「エイヤッ」と気合いをかけて、真額《まっこう》[※38]はここかと打ち下ろした。ところが、和

※36　一尺は三〇センチで、三千尺は九〇〇メートルとなるが、もののたとえで、天にも届くような高い樹という意味。

※37　甕のように肝《きも》が据ること。

※38　額《ひたい》の真ん中。

尚の姿は消えて無くなり、百太郎の切り先は地に入った。

百太郎は「参りました」と叫ぶ。だが周囲を見回しても姿が見えない。これはどうしたことか、何処《どこ》へいかれたのか。気味悪くなったので、べったり座って竹刀《しない》を前に置き、再度「参りました」と叫んだ。そして頭を上げて周囲を見渡《みわた》すと、正面から和尚が「お面一本！」と大きな声で叫び、百太郎の頭《あたま》をバチリとやった。百太郎は大きな吐息《といき》をつき「天狗《てんぐ》さまだ」と、顔色も普通ではなく、それからは何といっても和尚との立ち合いはしなかった。

和尚は剣術の達人ではなかった。口ほどに腕《うで》の利《き》くほうでもなかった。ただ、腹が据《す》わっていて、千軍万馬《せんぐんばんば》がにわかに襲《おそ》って来ても、びくともしない沈勇者《ちんゆうしゃ》[※39]であった。そのため機略《きりゃく》は常に図星《ずぼし》を貫《つらぬ》き、人の心を奪ったのである。

岡藩（大分県竹田市）に滞在していた時、小河弥右衛門一敏《おごうやえもんかずとし》と時事《じじ》を論ずる際《さい》のことである。和尚が「剣術においても足下《そっか》（貴殿）には譲《ゆず》らぬ」と申した。一敏は、議論と智弁《ちべん》こそ和尚には及ばぬが、武道ならば自

※39 沈着で勇気のある人。

信があるとして、「しからば一本御立合いを願いたい」と意地を示した。両者が立ち合ったら、和尚は一撃でやられるかもしれない。しかし和尚は、ニコニコして次のように言った。

「まあ静かに考えられよ。足下は武士として、豊後八郡《ぶんごはちぐん》に隠《かく》れなき御《ご》仁《じん》。我は雲水《うんすい》の身、寸鉄を帯びぬが本来の境界。もし足下の勝ちとなれば至極であるが、拙僧《せっそう》の利《り》と相なるなら、足下は武士の一分《いちぶん》立つことができるだろうか。この儀は如何《いかが》か……」

一敏は、「仰せられるように、如何《いか》にも左様でございます。これにてそれがしは、全く敗亡致した」と、手をうって高笑いをし、『無刀流、無刀流』と首を振りながら感心した。和尚の言葉はうまかったのである。

三　勤王の志士時代

和尚の勤王《きんのう》思想

和尚は学者らしい学者でなく、かといって、坊さまらしい坊さまでもなかった。天才かと思えば、意外とすべての面でよく発達し、智・情・意とも円満に備わっている。書物を読んでも書物にとらわれず、寺に住んでも、いたずらに仏に願いをする方でもなかった。勤王思想[※1]でも幼少の時にしつけられたもので、『国王の恩は別《わ》けて有難い』と教えられた。その後、『源平盛衰記《げんぺいせいすいき》』を愛読し、ページの小口[※2]が黒くなるほどであったという。

宝作がよく聞かされたのは、平重盛《たいらのしげもり》が父清盛《きよもり》を諫《いさ》めるところで、あの長い一節を『太平記読《たいへいきよ》み』の型で朗々《ろうろう》とやるうち、次第に声がうるん

※1　天皇に忠義をつくすこと。

※2　本の背を除いた三方の総称をいい、とくに背と反対側を前小口という。

で、顔色が曇ってくるように覚える。すると、目にいっぱいの涙を浮かべ、しまいには涙で巻本[※3]が覆《おお》われるのであった。

このほか和気清麿《わけのきよまろ》[※4]が、宇佐八幡《はちまん》から都へ帰ってからの復命や、平将門《まさかど》[※5]の弟や従者が諫《いさ》める所なども語る。そして楠公《なんこう》父子（楠木正成《くすのきまさしげ》・正行《まさつら》）には[※6]、全くの傾倒《けいとう》であった。『神皇正統記《じんのうしょうとうき》』[※7]も机上《きじょう》にあり、『中朝事実《ちゅうちょうじじつ》』も座右《ざゆう》の書の一つで、兵学は『山鹿流《やまが》』[※8]を延岡藩士山本半蔵に学んでいる。

竹田で勤王思想を説く

和尚は君臣《くんしん》の大倫《たいりん》、上下の差別、公武《こうぶ》の関係などはもちろん、日本の国体についても特に確信ある主張をしていた。それゆえ幕末の維新運動に際しても、いわゆる志士たちに動かされたのではなく、一境一進《いちきょういっしん》、今なりと見て取り、自分から出て行って志士を動かそうとした。

しかし延岡藩は譜代《ふだい》[※9]であるので容易に動かせない。近隣では豊後《ぶんご》（大分県）なら何とかなると見た和尚は、嘉永元（一八四八）年、竹田へ赴いた。二十八歳であった。

※3　横に長く表装した書物で、巻物にした。
※4　奈良末～平安初期の朝廷の臣。
※5　平安中期の東国の武将。
※6　河内国の豪族。建武新政の実現に貢献。
※7　北畠親房によって著わされた史論。南朝の正統性を説く。
※8　江戸時代、儒学者の山鹿素行によって大成された武士道。
※9　江戸時代の大名の家格をあらわす。関ヶ原の合戦以前から徳川氏の臣であった大名、およびその家格に準ぜられた大名をいい、そうでないものは外様と呼ばれた。延岡を治めた内藤氏は譜代であった。また、和尚の慈眼寺は延岡藩の支配下にあった。

竹田市街（大正時代）

岡城址

＊　竹田城　＊

竹田《たけた》（大分県直入郡）は岡藩の城下で、現在は竹田市となっている。当時の戸数は三千程度で、大分市からは十四里（五六キロ）、阿蘇の宮路駅へは四里（一六キロ）で、古い書物によれば、文禄年中（１５９２－96）、中川氏が入城したころは、水田は多いものの人家は少なかったが、次第に商工業者が集まり町を形成した。玉来から商家五十三戸が移された記録がある。

岡城は竹田城ともいう。竹田町の丘の上に在り、白滝川、飛田《とびた》川が廻《めぐ》って要害無比と称される。文治年中（十二世紀末）、大神《おおが》氏が緒方三郎とともに築き、後、大友能直《よしなお》の弟志賀八郎能郷《よしさと》の嫡孫貞朝《さだとも》が移り、建武年中、旧堡を治める、これを広げて岡城と称し、世々居城した。このようにして天正年中、志賀親次がこれを守って功があった。文禄二年、中川秀成が播州三木から封を移し、その頃の城主修理太夫秀成は封邑《ほうゆう》七万石であった。

西南戦争では薩軍が竹田に入りこの故塁《こるい》（竹田城）に拠《よ》っていたが、官軍の進撃で城を撤退した。かつて城の北には十川《とかわ》町があり、その傍《かたわ》らに挟《さ》田《た》町があったが、文禄年間、後方に移して竹田と合併した。

和尚は矢野勘三郎に相談し、岡城から約一里ほどの鬼ケ城に寓居《ぐうきょ》を定め、子弟を集めて講義を開いた。授《さず》ける内容は、『易経《えききょう》』と『大義名分《たいぎめいぶん》』と『兵学《へいがく》』である。議論は雄大で、時勢《じせい》を論じて痛切《つうせつ》を極め、弁舌《べんぜつ》もさわやかで、熱火《ねっか》が燃えるような気概であった。一度《ひとたび》来た者は、ほとんどが傾倒《けいとう》し胤康の名は竹田に知れわたった。

和尚は口から説いたが、それでも『靖献遺言《せいけんいごん》』[※10]は机の上に備え、時々その一節を読み上げた。お経《きょう》で慣《な》れているので、朗亮《ろうりょう》言わん方なく、腹の底から出る声に余韻《よいん》があって、聴衆《ちょうしゅう》いずれも力こぶをいれて聞いている。そのうち恍惚《こうこつ》とした気分になったという。

講義のほかに易《えき》を引いてやったり、祈禱《きとう》もしてやった。さらに人相《にんそう》・家相《かそう》も見てやるなどもあって、聴講者《ちょうこうしゃ》は神や仏のように和尚を尊敬したという。和尚も調子よく講義がすすむので、さらなる工夫を凝らして講義に臨んだ。

岡藩士広瀬重武《ひろせしげたけ》は十三歳の時、日州慈眼寺の僧胤康と出逢った。『広瀬重武伝』に次のような感想文が記されている。

竹田沈墜滝

※10　中国の忠臣烈士を顕彰した書。尊王の志士に強い影響を与えた。

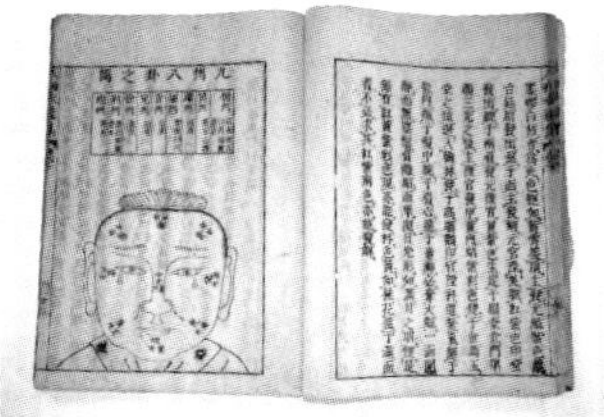

和尚の遺品「占法書」

「和尚は雄材智謀《ゆうざいちぼう》があって、なかなか非凡《ひぼん》の僧である。鬼ケ城に、僧胤康が寓《ぐう》しておられた時、『周易《しゅうえき》』の講義を野溝《のみぞ》氏らと聴いた。また『兵学』を宗六翁と共に学び、七書の釈義も習った」

中川土佐信服す

中川土佐は岡藩の大夫《たいふ》[※11]である。三千石の禄《ろく》を与えられ、学識もあり武《ぶ》芸《げい》も達者《たっしゃ》であったが、藩主中川修理太夫久昭《ひさあきら》に疎外《そがい》され、政権は中川式部父子に移っていた。それでも一藩（岡藩のこと）の志士はお家の柱石《ちゅうせき》であると仰いでいた。

和尚は、機会があれば土佐を説破《せっぱ》しようと思っていた。土佐もまた、和尚の名声を聞いていたので、なんとか言いぐさ（口実）を設けて、会ってみたいと考えていた。

ある日のこと、土佐の屋敷から和尚の寓居《ぐうきょ》へ使者がやってきた。その口状《こうじょう》によると

『御姫様が、永いこと御病気なので、和尚にお出《い》でいただいて、御祈《ごき》

広瀬友之允重武

※11　大名の家来のうち、藩政に参画する地位にあるもの。

禱《とう》を頼みたいと、主人土佐が申しています』

とのことであった。和尚は早速、土佐の屋敷（浦丁《うらちょう》）に赴《おもむ》き、案内されるまま、一室に入り、やがて祈禱[※12]を始めた。祈禱は一昼夜に及んだが、主人土佐は一回も出てこなかった。そこで和尚は、姫御付きの千手弥太郎《せんじゅやたろう》が用足《ようた》しに出たすきを見て、部屋から密《ひそ》かに抜《ぬ》け出し、鬼ケ城へ帰ってしまった。

屋敷では大変な騒ぎとなった。千手は「腹《はら》でも斬《き》らねばならぬ」失態であるから、急ぎ和尚の後を追い、寓居に行ってみた。すると、和尚は端然《たんぜん》として座《すわ》っていた。千手は、額を畳につけて次のように懇願した。

「ご機嫌を損じたこと、まことに申し訳ございません。全て私の不束《ふつつか》（ゆきとどかないこと）より起きた次第、平《ひら》に御容赦ください。なにとぞ、もう一度お出での程、お願い申しあげます」

和尚は手をふりふり、

「いやいや、そこもと（貴殿）の罪ではない。土佐殿は礼を知らぬ御《ご》仁《じん》（おひと）と存ずる。そのような家の祈禱は相成りません」

※12　病気平癒などを神仏に祈り、仏の力を加えて保たせること。

と、厳しい言葉で返答した。千手ははじき返されたように走って帰り、状況を土佐に伝えた。土佐は「そうであろう」と、かねてより予想していたかのように納得し、別な使いを和尚のもとへ行かせ、次のような挨拶をした。

「主人土佐においては、この頃病気で寝込んでいます。それゆえこのたびの、礼儀なき振舞《ふるま》いについては、平にご容赦下されたく、再度の御尊来をお頼み申しあげます」

と千手と同じような口上を述べた。和尚も再度の挨拶を聞き入れ、その日、土佐の屋敷に赴いた。

今度は前日とは異なり、土佐が自ら和尚を出迎え、部屋も奥深く瀟洒《しょうしゃ》で閑静《かんせい》[※13]な書院に案内された。土佐は和尚を上座に据え頭を下げて、挨拶をした。

「大徳《だいとく》（和尚のこと）を謀《はか》りましたこと、平にご容赦ください。私と娘の病気は偽りで、祈禱も願う気持ちはなく、大徳から時勢についてのご高論を承《うけたまわ》りたい一心で、行ったことでございます」

※13　すっきりとしてしゃれており、しずかなこと。

和尚もわかっていたので、

「いやいや、ご挨拶痛《いた》み入ります。この時節がら、『人に聞かれるのも如何《いかが》か』とのお心づかい、道理にかなうものと存じます」

と答えた。猩《しょうじょう》々は猩々を知る[※14]というが、初めて逢った二人は、十年来の旧知のように心置きなく語りあったという。

それからは、和尚は住居を土佐宅に移し、日々国事を論じ、藩政を議論して肝胆相照らし、勤王義挙についても密かに相結ぶ仲となった。

前出の『広瀬重武伝』には次のように記されている。

「中川土佐は、胤康和尚の器量の優れたところに、頓《とん》と（すっかり）甲《かぶと》を脱ぎ、別荘を掃《はら》って（きれいにして）、そこに住まわせ、恭《うやうや》しく教えを受けたこと一年に及んだ云々……」

和尚が竹田を出立《しゅったつ》したその跡、小河弥右衛門一敏は旅行から帰ってきた。そして土佐の屋敷に往《い》って、数日前まで和尚が居たということを聞き、非常に残念がった。小河も和尚に会いたいと思っていたのである。

その節、和尚が土佐の家で書いた連句の墨書が残されている。

※14　気持ちがぴったり合うこと。

小河弥右衛門一敏

『鳳《ほう》や鳳《ほう》や麟悲無《りんなきにあらず》』
『（不明）』
『虎は深林幽谷《しんりんゆうこく》のうちに伏《ふ》す』
『鼠《ねずみ》は高閣碧天《こうかくへきてん》の街《ちまた》に踊《おど》る』
『百山雲《ひゃくざんくも》起《お》こりて風まさに敷《し》かんとす』
『東海月浮《う》かびて雨未《いま》だうるおさず』
『たれか敵《てき》せん朝来縦横《ちょうらいじゅうおう》の計《けい》』
『古来世変《せいへん》皆かくの如《ごと》し[※15]』

小河はこの句をみて納得の首を振り、「今日《こんにち》、この人を措《お》いては大事を謀《はか》る由《よし》なし」と感じたという。

如意輪観音

二十九歳になった和尚は、嘉永二（一八四九）年の夏、竹田から曽木慈眼寺に一度帰ってきた。その時の和尚は、大きな笈《おい》[※16]を背負った修行僧の姿で、笈の中には荘厳を尽くした観音の木造が納められ、さらに途中で

※15　日本国の変革は全てこのようにして起こるということ。

※16　仏具・衣服・食器などを入れて背に負う脚つきの箱。

和尚の遺品「笈」

寝る時は笈の下で寝るように作ってあった。

その日たまたま、甲斐宝作《かいほうさく》が寺に来ていた。

和尚は「宝作さん帰ったぞう」と、いつもの高笑いをしながら笈を下ろし、諸々の話を始めた。

「この御像は竹田の玉来《たまらい》［※17］で作らせたもので、仏師の伊右衛門は、もとは京都で名の知れた人物で、観音木造はなかなか好《よ》くできている。旅の途中であるから人にも語らず、自分一人で開眼をしたのだ」

友人の宝作は、和尚のことを父のように、また、兄のように慕っていた。それゆえ、危ない旅から帰ってきたことをうれしく思い涙した。和尚の衣服や持ち物についた塵《ごみ》を払い、水を汲んで漱《すす》がせたりするなど、喜ぶ優しさがうかがえる。

和尚は続《つづ》いて観音木造の話を始めた。

「この木造は如意輪観音《にょいりんかんのん》と申す。千手観音、聖観音、馬頭観音、十一面観音、准胝《じゅんてい》観音とともに六観音と呼ばれている。阿弥陀様の慈悲門を司《つかさど》り、衆生《しゅじょう》を教化するお役目があり、三十三身のご変化を示され

※17　大分県竹田市の市街地を表す地名。

る」

和尚が笈の扉を開けると、後光《ごこう》目映《まばゆ》いばかりの観音木造が、金色に輝いていた。宝作は尊く有難く、平伏して黙想をささげた。つづいて、

「宝作さん、慈悲とは人を救い、世を済《たす》けることだ。他に楽を与える心を慈といい、さらに他の苦を取り除く心を悲という」

和尚はこのように言って、膝《ひざ》を正し襟《えり》を繕《つくろ》って、宝作の顔を鋭く強く見下《みお》ろし、さらに続けた。

「今、上御一人《かみごいちにん》[※18]を押し込め奉《たてまつ》ろうとする悪逆無道《あくぎゃくむどう》の輩《やから》があったら、この如意輪観音大菩薩《にょいりんかんのんだいぼさつ》を背負《せお》って、一日も、片時も、寸刻《すんこく》も、刹那《せつな》も、早く、与楽抜苦《よらくばっく》[※19]の業を成《じょう》ぜんとの心願《しんがん》だ」

なんとなく和尚の声はしめり、両眼に涙を浮かべていた。

「しかし宝作さん、これではもう難《むつか》しい。この期《ご》に及んでは摂受《しょうじゅ》では[※20]間《ま》ぬるい。折伏《しゃくぶく》[※21]だ。暗愚《あんぐ》の徒《と》、横暴《おうぼう》の奴《やつ》をうんと破折《はしゃく》[※22]してやらねば……」

宝作は頭をもちあげた。すると和尚は涙を顔いっぱいにして、両手の

※18　天皇の尊称。
※19　菩薩が衆生の苦しみを取り去って福楽を与えること。
※20　民を教化するのに、相手に逆らわず、その主張や行為を受け入れながら導くこと。
※21　悪人・悪法をくじき屈伏させること。
※22　相手を強く責めたて迷いをさまさせること。

拳《こぶし》を握りしめつつ、膝の上に打ち込んでいる。

「宝作さん、私はこれから不動尊《ふどうそん》を背負《せお》わねばならない。右の手には剣《つるぎ》だ。左の手には縄《なわ》だ。眼《まなこ》を怒《いか》らし、牙《きば》を喰《く》いだして、仏法を妨げる悪魔を降伏させるため、突《つ》っ立ったその御像《ごぞう》が欲しい」

と拳固《げんこ》で熱い涙を払った。

「如意輪といえば、大和《やまと》の吉野山には、同じ御像を安置してある。正《しょう》平《へい》の年、楠正行《くすのきまさつら》が辞世《じせい》の歌をその御堂《みどう》の板戸《いたど》に遺《のこ》している。《かえらじとかねて思えば梓弓《あずさゆみ》、なき数に入る名をぞ留《とど》む》と鏃《やじり》の先で誌《しる》したのであるが、千古万古《せんこまんこ》芳《かんば》しい、あの桜の花とともに、この世の終わりまでも匂《にお》うであろう」

と述べた和尚は、とうとう泣き出した。宝作は顔も上げることができず、膝の上の和尚の骨太の手を、力いっぱい握り、『ごもっともでございます』といった。

天滝ごもり

天滝とは和尚の修行した場所である。和尚は善財院に在住していたころ（十三〜十五歳）も、時々、遊びに出かけていた。その後、慈眼寺に移り、和尚が二十九歳になった嘉永二年（一八四九）から、春秋の季節に、それぞれ五十日間天滝の山に籠《こも》り、修行するのが恒例となった。これを『天滝籠り』といい、村人もそういっていた。

天滝は、大字曽木《そき》の柳瀬《やなぜ》町から北東へ約二キロほどで、荒谷の墓地を通って、村を一つ過ぎ、渓《たに》を渡って字戸《あざと》の上になると景色がよくなり幽《ゆう》邃《すい》（もの静かで奥深いさま）の境に入る。そこに九メートル幅の一面青色の巨岩が急勾配に敷かれ、その上に瀑布《ばくふ》が曲折し飛沫《ひまつ》は四方周辺にとび、霧となる。

長さ約三〇メートルの傍《かたわ》らをよじ登るが、その危《あやう》さは一通《ひととお》りではない。兎《うさぎ》の道程にもなっていないので、飛泉《ひせん》撲《う》つ巌角《がんかく》へ、わずかに足を触れるくらいにして、両手に藤葛《ふじかずら》を握《にぎ》り、勢いに任せて跳び越えなければいけない。同伴の数名が一人ずつ縦列に進んだが、いわ

和尚の修行地・天滝（大正時代）

荒谷より天滝へ（大正時代）

ゆる「魚串《ぎょくし》して上る」というのは、必ずしも形容詞ではなく、今も実際にみる光景である。

現在、登り詰めると、断崖の上に小さい石碑（高さ六〇センチ程の円柱形）が建っている。表面に『偉勇胤康座元《いゆういんこうざげん》』と刻し、側面に『三月十日造　立之《これをつくりたつ》』と刻まれている。その場所は『字戸《あざと》の上』といい、甲斐宝作の所有地であった。この石碑は元慈眼寺境内《けいだい》にあったが、下曽木《しもそき》の現在の大きな『胤康墓碑』が建った翌年（明治三十一年）、この場所に移された。修行の地を保全するという甲斐吉弥の志で出来たものである。

石碑周辺の平地は、和尚が座禅[※23]を組んだ場所である。そこには、畳三枚が敷かれるほどの板屋根掘立小屋が立っていたが、大正期にはその跡だけが残っていた。

『天滝籠《ごも》り』の季節になると和尚は、鉄鉢一個《てっぱついっこ》、珠数一連《じゅずいちれん》、自作の木刀ひとふりを携《たずさ》え、飄然《ひょうぜん》とでかけた。そしてその後《あと》から甲斐宝作が食糧をかついで登り、「ご機嫌よろしゅう」とあいさつをして自宅へ帰って

天滝にある石碑（現在）

※23　禅宗の基本的な修行法の一つ。

しまった。

和尚はこのように、いつも山中にただ一人となって修行に入った。聞こえるのは滝の水の音か、木陰で鳴く梟《ふくろう》の声ぐらいで、訪ねてくる狩人《かりゅうど》も樵《きこり》もいない。随分淋《さび》しい境界地である。和尚は端然《たんぜん》として唯《ただ》、黙《もく》を守り、黙の味にふけり、黙の心境に入った。

時には小屋から出て周辺を歩き、『幽渓《ゆうけい》水《みず》落《お》ちて奇《き》石《せき》出《い》づ』[※24]とひとりごとを言い、遥かに四方を眺めては『遠山《えんざん》限りなく碧層々《へきそうそう》』[※25]と感歎することもあった。住み慣れては何不自由もなく、折って焚《た》く柴《しば》の火にも浮《うき》世《よ》の温味《あたたかみ》がわかり、四囲、皆、われに和して没却《ぼっきゃく》し去った。

また時には、月の白い夜を賞して、雲が足下《そっか》に湧くような気分になることもあった。一言《いちごん》無《な》く、一句無く、一出一入《いっしゅついちにゅう》、皆独自で、事として佳適《かてき》にならいものは無く、思うことで会わないことは無かった。

断食堂《だんじきどう》の遺蹟《いせき》

ところが困ったことが出来た。

※24 奥深い谷で落ちた珍しい石のこと。
※25 青い色が幾重にも重なっているさま。

宝作は九日目には、かならず天滝に登ってくる。白米五升と味噌および塩を運んでくるのである。その日は短い時間ながら話し相手を得て、里のことを聴き知るうれしさがある。しかし、宝作は修行の妨げをおそれ、用事がなければ長居をせずに立ち去っていた。

ある時、九日目のこと、米も食いつぶし、味噌も塩も残り少なくなっていたが、なぜか宝作は来なかった。そして翌十日目になっても来なかった。味噌は全く無くなり、皿までなめた。そして、宝作はその次の十一日目も来ないので、和尚は少しの塩を口にして水ばかりを飲んで凌《しの》いだ。

さらに三日過ぎても姿が見えない。宝作に限ってこんなことは無い。さては病気にでもかかったのか。そうであれば今にでも、山を下って訪ねてやりたいが、念願の修行はいまだ半ばにも至っていない。そこで仕方なく我慢をするものの、空腹はだんだんと激しくなり、体は何となく力のない気分になり、生汗《なまあせ》のでる心地悪さを感じた。

「ああ、ひもじいー」と思わず言えば、人になれた小鳥がその声に驚いて飛び去った。和尚もひとりで笑顔になった。

宝作は病気ではなかった。親戚に放浪の騒ぎがあり、そのことで取り紛れていたため、九日目を忘れていたのである。このことを途中で気づき、「あっ」とばかり叫び声をあげて飛び上がった。宝作は顔色を変え、いつもの食糧を担《かつ》いで家をでた。日暮《ひぐれ》過ぎに、提灯《ちょうちん》を片手に「しまったしまった」とつぶやきながら、いつもは豪胆沈着《ごうたんちんちゃく》な宝作が、あたふたとして天滝へと向かったのである。

「胤康さん、生きておられましたか」

と呼びながら、片手の小提灯を振り回すと、上の方から見ていた和尚が、両手を挙げ、足を踏んで大喜びの様子であった。

宝作は攀《よ》じ登って、和尚に縋《すが》り付き、手を合わせたり、さらには頭を地べたに打ち付けて、誠《まこと》を尽くしてお詫びをした。それから早速、鉄鉢《てっぱつ》を架け、米を洗って飯を炊《た》いた。和尚は煮え立った粥《かゆ》を吹き吹き食べながら、宝作と次のような会話をした。

「胤康さん、どのようにして過ごされましたか」

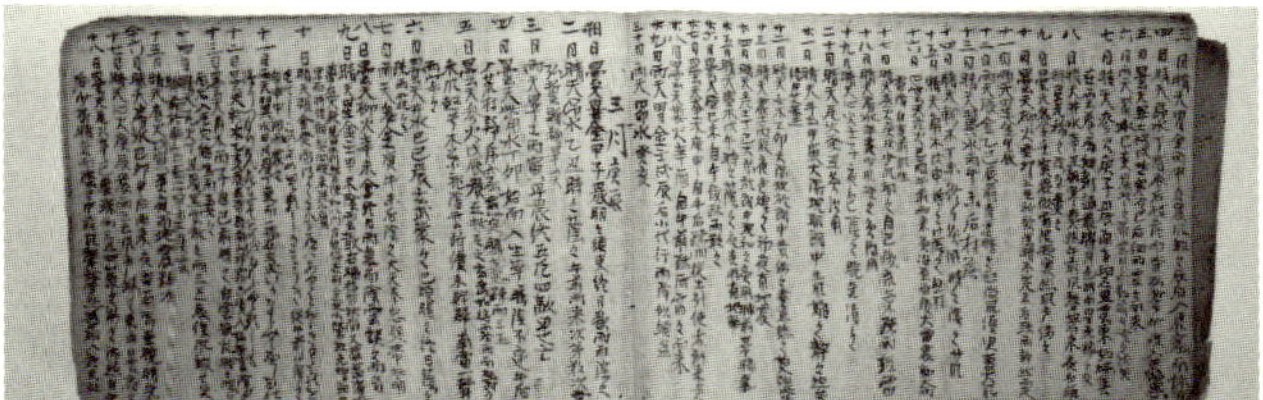
和尚の日記「歳中記鑑一冷暖自知一」

「どうにもせぬ。空《ひもじ》い腹《はら》を抱《かか》えていた」

「そうでしたか、まことに以《もっ》て……」

「これも思わぬ修行であった。宝作さん、かたじけない。恥ずかしいことだ。断食[※26]をしようと思ってするときは、十日や十五日は楽なものであるが、思いがけず米が無くなると……いやー、なかなか苦しいものだ」

と頭を掻いていた。

「宝作さん、お蔭でこの三畳敷が断食堂になったよ」

「恐れ入ります。和尚殿」

「これは真の話だよ……」

「へー、そうですか」

このような二人の会話は、夜中まで続き、その夜を語り明かした。

※26　神仏に願をかけるとき食を絶つこと。

四　岡藩と和尚

関西地方二年間の行脚

嘉永三（一八五〇）年八月、和尚が三十歳になった時、愛用の笈《おい》を背負《せお》い再度、行脚《あんぎゃ》［※1］に出かけた。その道筋《みちすじ》は全くわからないが、山城（京都）へは入らないで、河内・和泉・摂津地方の各藩を巡ったと思われる。そこでは城砦《じょうさい》や要害の様子、さらに道路の起伏や軍隊行進の便・不便なども詳しく調べている。

岡藩小河弥右衛門との交流

和尚は帰途、竹田（大分県）へ立ち寄った。嘉永五年（一八五二）、和尚が三十二歳の秋九月であった。それからしばらく土佐亭に滞在している

※1　僧が諸国をめぐって仏法を修行すること。

と、そこへ、小河弥右衛門《おごうやえもん》が訪ねてきた。初対面の挨拶を済ませるや否や時局の話となり、双方とも隔《へだ》てなく意見を述べた。

『重武《しげたけ》伝』には「小河弥右衛門は、胤康（和尚）と論抗すること三日、元来、この弥右衛門は、一敏《かずとし》とも言って、列藩[※2]に知人も多く、世間の事情にも精通していた方であったが、三日目には、到頭《とうとう》、胤康和尚に弟子の礼を執《と》った」と書いている。

小河は岡藩志士の頭目であるが、その頭目がこのように信服したので、他の志士も争って和尚の門下に集まった。

小河は腹心のすべてを和尚に打ちあけた。和尚も義挙の一日も早いことを望んでいることを伝えた。こうして少年輩中の広瀬重武には心置きなく語って聴かせた。

和尚は月余《つきよ》[※3]になって竹田から曽木に帰った。日数も立たぬうちに次のような小河の書面が来た。

一筆差し上げます。先日は御安泰にて御帰山なされ、その後も、益々

小河弥右衛門一敏

※2　一般には諸藩のことをいうが、ここでは勤王有志のいる藩のこと。

※3　月の明かりが残っていること。

ご機嫌よく御座なされ、珍重の御儀のことと存じあげます。誠に御逗留中は、毎々御寛語、御教示をいただき、有難く存じあげます。その後、心猿意馬《しんえんいば》未だ一向に薄らぎいたさず、さてさてこれまでの心術用い方の悪さ、後悔が相増しております。それより退いて反省してみれば、この地を出発される前、兜をぬいで御教示を受けたいと申しあげましたが、今考えれば、脱いだ兜は手に持ち、頭には鉄鉢を巻いた心持ちにて、この度はたいそう後悔しております。ここに至っては、赤裸々な気持ちになって教えを御受《お》けしたく、堅く子弟の御交わりをお願いいたします。したがって些少ではありますが、御入門を申し上げる寸志のしるしとして、練り羊羹《ようかん》十包を進上いたします。御受納下さればば有難き仕合せでございます。最後に、愚筆にて御先達への挨拶かたがた、右の要件よろしくお願い致します。

三月八日　　　　小河弥右衛門一敏

彭康《ほうこう》（胤康）禅師猊座下《げいざか》

［小河書簡の大意］
①先日、和尚が無事に帰郷され、ほっとしていること。
②竹田で聞いた心広いお話のお礼。
③その後の竹田の様子は妄想が盛んで、後悔していること。
④竹田では赤裸々な気持ちで教えを受け、これからも子弟の交わりを望むこと。
⑤入門の印に羊羹を進上したこと。
⑥追伸では、早く和尚の教えを悟れるよう、さらにご指導を願うこと。などが述べられている。

（＊追伸）

猶々、時節がらご自愛肝要に存じ奉ります。私も本文に申し上げた通りの仕合せは、なかなか悟ることが出来ず、ほど遠いことと苦慮しています。なにとぞ一日も早く悟りができるようご指導くださいませ。心に思っていることが筆端に尽くせず、いずれも御推察くださいませ。頓首

その後両者の文通は続いている。その証拠は、竹田から広瀬重武がたびたび曽木を訪れていること。他方、和尚の檀家甲斐宝作が、しばしば竹田に赴いていること。このことから和尚と小河の気脈が通じ、情勢の把握ができたのであった。

中川式部を説得する

和尚は次に中川式部の説得を始めた。式部は岡藩主中川修理太夫の一族で、四五〇〇石の禄高を持つ岡藩士である。父平右衛門と共に勤王の

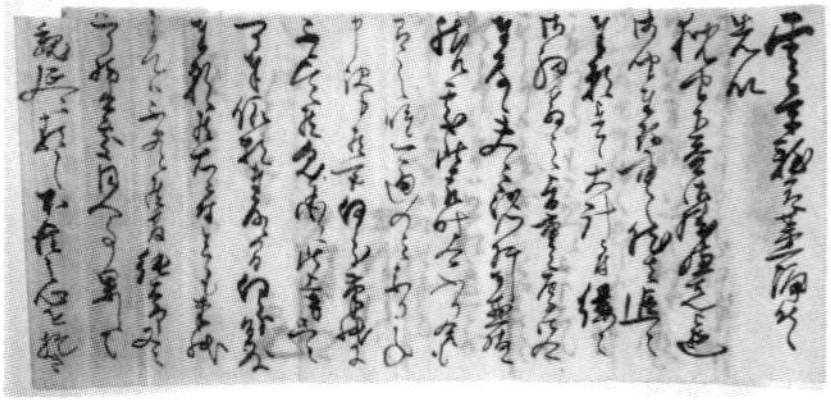

和尚あての小河一敏の書簡

大義を持っているが、多少躊躇《ちゅうちょ》するところもあった。というのは藩主修理太夫の去就が気遣《づか》われるためであった。

ところが嘉永六年（一八五三、和尚三十三歳）十二月、和尚が竹田に来た。式部はこれを幸いに、小字鷹匠町の屋敷に招いて歓待し、密《ひそ》かに教えを請《こ》うた。和尚は心の内でよい時に来た、と大喜びであったという。

和尚は、先《ま》ず幕府の専横がその極《きわ》みに達していることを語り、一々その事実を列挙した。そしてこれを倒すのは人事《じんじ》ではなく、天命であるといった。もし愚図々々《ぐずぐず》しておれば、時に背いて後悔する外はない。ゆえに「一日も早く義兵を挙げなければならぬ」と熱烈に主張した。

式部をはじめ陪席《ばいせき》［※4］の士も皆陶然《とうぜん》として酔《よ》い心地になって聴いていた。ただ、時には顔を見合わせて安からぬ風も見られた。

「ご高諭、心の底まで徹しました。我らは即座にでもその義に及びたいと思いますが、殿が御聴き入れ下されなければ、動くに動けず、ただ、そのことのみを気遣っています」

式部はこのように言って和尚を仰ぎみた。すると和尚は手作りの如意《にょい》

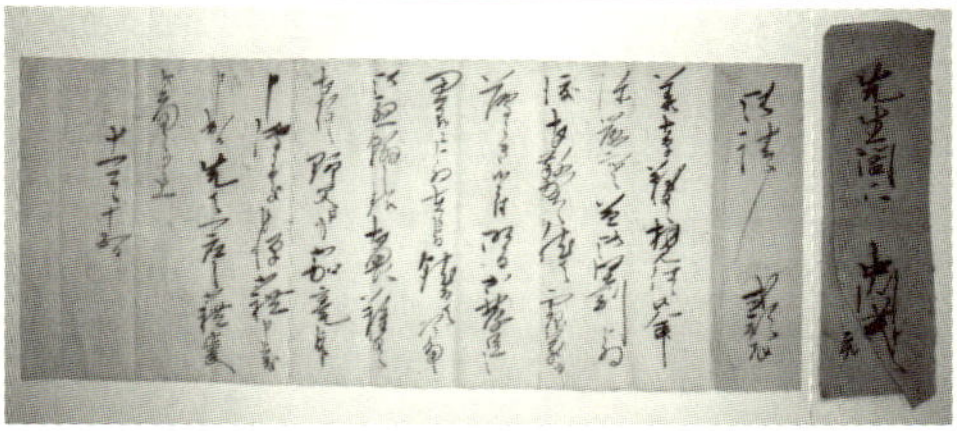
和尚あての中川式部の書簡

※4 目上の者につき従って同席すること。

を斜《しゃ》に構えて、励声一番《れいせいいちばん》、説《と》き始めた。

「なんとおっしゃるか。足下《そっか》はいわゆる『貴戚《きせき》の卿《けい》[※5]』ではござらぬか」

和尚は顔面を紅潮させ、じりじりと膝を進めた。式部も然《さ》るもので、
ハッと頭を下げて「いかにも左様でございます」とばかり、一座は少しの間ものさびしい状況に入った。

そこで和尚は次のような話を始めた。

「貴戚の卿とは『孟子[※6]』から来ている。すなわち、中国の齊《さい》国の宣王《せんおう》が孟子に『卿《けい》』の意味を問うた時、孟子は何の卿ですかと問い返した。王は『卿は同じものではないのか』とのべると、孟子は『同じではありません。貴戚《きせき》の卿と異戚《いせき》の卿があります』と答えた。さらに王は貴戚の卿を聞きたいと請《こ》うたので、『君《きみ》に大過のある時はすなわち諫《いさ》め、このことを反覆しても、なお聞かない時は、則ち位を改易される』と答えた。これを聞いた王はにわかに顔色をかえたという。そこで孟子は『王、異《あやし》[※7]みなさるは必要はありません。王は臣に論議させれば、臣が正しい対応策を献上するでしょう。王の決断があり、その後、異戚

※5　藩主の御一門のこと。

※6　中国の戦国時代の思想家・孟子が孔子の教えを述べた書。

※7　怪しむ。妙なことと思う。

の卿を集めて問うことになります。そこで君に過ちのある時は、すなわち諫《いさ》められることでしょう。これが反覆され、さらに聞かれない時は、すなわち王は去ることになります』と言いました」

式部は藩主の御一門《ごいちもん》であるから、いわゆる「貴戚の卿」である。そこで岡藩主が今において勤王の義兵を挙げないのは、君に大過がある時である。異戚の卿ならば、これを諫め、さらに反覆しても聴かない時は、藩を捨てて他藩に仕《つか》えてもよいが、貴戚の卿である以上は、去るわけにもゆかない。すなわち殿を隠居《いんきょ》させるか、幽閉《ゆうへい》をするかして、他の殿を立てなければならない。和尚の一語はこれを教えたのであった。和尚はまた語り続けた。

「すなわち、殿は今奢侈《しゃし》（おごり）に長じ、声色《こえしょく》（色《いろ》）にふけり、民の困苦を省《かえり》みず、人の心はすでに離れているのではござらぬか。位を代える（改易する）ことが、何の憚《はばか》るところがありましょうか」

と次第に高調していった。さらに和尚は

「中国の殷《いん》の湯王《とうおう》が崩御の時、孫の太甲を立てたが、暗愚《あんぐ》[※8]であったの

※8　道理に暗く愚かなこと。

で、民のため国のためにならないとして、ついに伊尹《いいん》は遠慮なく桐《とう》宮《きゅう》に追放した。そこで三年間修行、仁と義を身に着け再度王になり、令主となったではありませんか」

拝聴していた岡藩の家臣たちは、「そのことを殿に、あの修理太夫様に……」と思わず声を出した。式部はシッと制して「いかにも」と傾聴の意を表した。さらに和尚は説法を続けた。

「漢の武帝の後、霍光《かくこう》は昌王を廃《はい》して宣帝を立てているではございませぬか。後の甘露中、功臣の形を麒麟閣《きりんかく》に書かせるにあたり、その第一番に出ているのは霍光で、しかも大将軍博陸侯霍氏《かくし》と尊敬致しているではございませぬか。足下も一毫《いちごう》の私を挟まなければ、何を為すとして妨げられるべきであろう。旨とするところは正義にある。決行にあります」

頭上から熱湯を浴びせるような説法である。式部父子をはじめ、他の重臣の二、三も決心の臍《ほぞ》を固めた。［※9］

※9　心を決めること。「臍」は「ヘソ」のこと。

藩政改革の支障

岡藩の藩政改革は、天下の変に備えるためであるから、義挙断行の先決問題になっている。和尚は、それがぐずぐずしていてためらっているのをもどかしく、しばしば宝作を遣わし催促をした。

そのうち小河から、次のような返事の手紙が来た。

雲章有難く薫誦《くんしょう》仕り候《そうろう》。まずもって猊坐下《げいざか》、益々ご機嫌よく御座遊ばされ、珍重奉り候。然らば、追々願い奉り候大計《だいけい》につき、縷々《るる》明細、御教《おんおし》えの旨《むね》、重々《じゅうじゅう》かたじけなき仕合《しあわ》せに存じ奉り候。それぞれ銘《めい》肝《かん》、感服《かんぷく》奉《たてまつ》り候処、此の節は地合《じあい》振り合いもこれ有り、唯一筋《ただひとすじ》のみ参り兼ね、申し訳もこれ無く候えども、何分筆紙《ひっし》に尽《つ》くせず、兎角《とかく》にこの上も、只ただ伏《ふ》して願い奉るべく存じ奉り候うゆえ、何分よろしく願い奉り候。右につき、とても筆紙にては尽くせず候ゆえ、純太郎又また差し出《い》だすべきところ、同人、果たして魏延《ぎえん》に類し、不信の心

［小河書簡の大意］
①和尚から教えられた「大計」（竹田勤王派の決起）について、各地では一筋にはいかず、中には不信の心を抱く者もあり、申し訳ないと詫びている。②打開策を話し合うため、代理として広瀬を送りたいが、小人数の役場であり、それもできないことだ。③そこで上野村（高千

を抱き申す筋これあり。近日、かれこれ申し談じ、多分は遊学にてもつかまつらせ候方に、これ有るべき仕合せゆえ、同人を出だし候ては、大いに事態を誤り申すべく候。依《よ》って広瀬を差し出し申すべきところ、役場の方は人数少なにて、足抜き申し候儀は出来兼ね候。右の仕合せに付き、近頃申し上げ兼ね候えども、上野村《かみのむら》まで御出浮《おんでう》け下され候わば、同所より、ちょっと広瀬まで御一左右《ごいっさう》下され度候。左候《さそうら》わば、一夜掛け都合出来候わば、二夜《にや》掛け位にて、広瀬罷り出で候わば、万々《ばんばん》様子を申し上げ、委細策略もご相談申し上げ候様仕りたく存じ奉り候。此の段重々申し上げ兼ね候。御辛労の事ながら、何分にも宜しく願い奉り候。上野村より広瀬への御一《ごいっ》、なにごとも左右《さう》奉り候までに御座候。右に付き、何事もその節御承知下され候様、願い奉り候。折節《おりふし》、今日は公私取り込み候儀之有り。乱書を以て、此《かく》の如く御座候。恐惶謹言。

八月九日　小河弥右衛門一敏

彭康禅師《ほうこうぜんじ》　猊座下《げいざか》　奉復

穂町北部）までお出でくだされば、広瀬も二夜ぐらいは、都合できるので、よろしく。と書いている。

猶々《なおなお》時候《じこう》御自愛《ごじあい》、専一に存じ奉り候。何分にも本文申し上げ候。
上野村《かみのむら》御足労の儀、偏《ひとえ》に希《こいねが》い奉り候。

上野村は日向国西臼杵郡高千穂村大字三田井から二里（八キロ）で、豊後に通じる道筋である。

和尚は早速出かけた。安政三年（一八五六）、和尚三十六歳の夏であった。当時の様子は、広瀬の書簡に次のように記されている

さてその節の御話、御存じの趣、段々相談じ申し候ところ、兎角《とにかく》、是《ぜ》非《ひ》この度執り行い申すべく、左様に御座候えば、先生御去山の儀につき、是非行い申さず候わでは、と評決申し候。右ゆえ千寿、二十七日までには、差し上げるべしと申し上げ置き候えど、延引仕り候儀に御座候。日取りまで申しあげるべき筈のところ、少々、時合宜しからざる儀御座候間、十五、六日延引仕り候間、左様お待ち下さるべく候様、願い奉り候。左候わば、一決次第、吉左右《きちそう》、使い差し上げ候間、御出

［広瀬書簡の大意］
①広瀬の書簡によれば、安政三年、和尚は早速上野村に出かけていること。
②広瀬との二人の話で、決起の日取りが決まり、さらに和尚が慈眼寺を去る日が決まったこと。
③ところが「二週間以上延引する」という意外な事情が、竹田岡藩に起

行下さるべく候。何れも遠からず尊顔を得て、巨細《こさい》申しあぐべく候。

云々。

和尚は一刻も早く……と急き立てる、。そして、「時は今じゃ」を口癖《くちぐせ》にしていたが、安政四年（一八五七、和尚三十七歳）、意外なことが岡藩に起こった。

同藩に小代《おしろ》鈍太郎という若い武士がいた。鈍太郎は容姿《ようし》のよい武芸者で才智もあり中川土佐は七十石を与えて配下とし、頭役の上位に置いた。彼は小河の使者役として、曽木にきたこともあるが、性格があわず、その後は疎外されていた。

意外なこととは、鈍太郎と中川土佐の妹との恋愛が生じ、二人が夜逃げをするという事態となり、行方知れずになったが、両人とも捕まり妹は尼となり、鈍太郎は永牢《えいろう》［※10］の処分を受け落着した。ところが小河と広瀬が両者をかくまったと言いふらす者がいて、中川土佐は立腹し、藩政改革のことは頓挫《とんざ》してしまった。藩内はこのような人物がはびこり、勤王

きたこと。

④事情とは岡藩主の妹が、同藩の若い武士（七十石）と恋愛関係となり、二人は夜逃げして行方知れずになったが、後に捕まり永牢の処分となった。ところが、小河と広瀬が「夜逃げした両人をかくまった」と言いふらす者がいて藩主が立腹。このことで藩政改革（勤王の義挙）がうまくいかなくなったこと。

などを記している。

※10　江戸時代の刑罰の一つ。終身牢に監禁すること

の義挙などなかなか難しくなったのである。

三たび竹田へ

小河と広瀬とは、和尚を杖柱《つえはしら》と頼んでいるが、頓挫《とんざ》以来、心のみいらいらさせている。一方、和尚は猛然としてこれに迫り、一足跳びに義挙決行を促す。そうこうしていると、先方（竹田）から平五郎という使者を遣わし、次のような和尚が来てくれることを懇請《こんせい》する書状がもたらされた。それは安政五年（一八五八、和尚三十八歳）夏の初めであった。

一筆啓上仕り候。漸々薄暑《ぜんぜんはくしょ》に押し移り申すべくの処、猊座下《げいざか》益々ご機《き》嫌《げん》よく、御座《ござ》遊ばされ、恭悦《きょうえつ》奉り候。されば先月下旬より、土佐（藩主）の事、その御方角に出浮《でうけ》につき、私ども両人より、一書呈し置き候。極めて疾《と》く御入手下され候と存じ奉り候。同人事も、二十日後ならでは帰り申さず候由、依って御返書も得もうさず。しかるに、この節極めて一大事の儀にて、是非とも拝眉申さずでは、叶《かな》い難訳《がたきわけ》、出《しゅっ》

［小河書簡の大意］
①竹田岡藩の「勤王の義挙」が寸前で頓挫してから二年後のこと、和尚の来藩を懇願する小河の書簡が届いている。
②書簡は「一大事のことで、和尚に是非とも会いたい」という内容であった。

来仕《たいつかまつ》り候。尤《もっと》も、兼て内含《ないふくみ》の事もこれ有り候故、春来《しゅんらい》、追々、右の通り貴意を得候えども、か程差し迫り、その儀差し起り申すべくとは、存じ申さず候処、見込み候より、都合よく、この節、機軸転じ来たり申し候。先年、彼是御内話申し上げ、軽からずお心配り下され候訳も候処、そのみぎりは、右の仕合せ、面目なき次第に候処、この節は、なかなか先年の様なる訳にはこれなく、何分、その次第は、紙上に尽くし難く御座候。尤も、一藩のみの事に之なく、極めて重大な事柄にて候。依って近頃申し上げ候段、重々恐れ入り候えども、中四、五日ご逗留のお含みにて、境界まで近日ご投錫《とうじゃく》願い奉り候。健吉方にお出でご座候様、願い奉り候。五月いっぱいには是非お出で浮《う》け下さるべく候。しかし、梅雨時節にもなり候故、その前方にも、御出で下され候わば、猶有難く存じ奉り候。万々一《ばんばんいち》、この方まで、お出で浮け相叶《あいかな》わざる候えば、鶴町の九重野まで、お出で願い奉り候。左候わば、何日と申す事、仰せ下さるべく候。私ども両人、実は踏み出し候事、極々《ごくごく》難しい訳、御座候えども、右のご都合にも相なり候わば、

③二年前のような訳ではなく、書上に尽くし難い事柄であるという。
④場所は竹田岡藩と延岡藩堺の「建吉宅」で、近日お願いしたいという。
⑤もしここにお出でできなければ、鶴町の九重野にお願いしたい。お出で下さる日をお知らせ下され、その際、一人の使者を同行してくださいとのこと。

拠《よんどころ》無《な》く、極《ご》の無理をなりとも仕り、誰か一人、罷り出で候様仕るべく候。もっとも吉日お選び下さるべく候。不成就日《ふじょうにち》、その外、五月六日、二十三日など、御除きなし下され候えば、万々都合よろしく御座候。この段願い奉るべき為、一人を以て斯《か》くの如くに御座候。恐惶謹言

四月十五日　小河弥右衛門一敏《おごうやえもんかずとし》

胤康禅師　猊座下《げいざか》

猶々、この使いの者、則ち九重野《くじゅうの》の者にて、私の召使いの者に御座候。鶴町にて候わば、御出浮《おんでう》けの宿の名も仰せ下さるべく候。九重野に候えば、この平五郎と申す者の方にても、宜しく候。しかし、何卒ご苦労ながらこの方迄御出浮け、くれぐれも願い奉り候。実に先年の事とは、頓《とん》と打ちかわり、この節は、半途にて廃《すた》れ候様なることにては、努々《ゆめゆめ》御座なく候ゆえ、今一度ご愍憐《びんれん》下され候様、願い奉り候。もしこの節、不約束の事に成り候わば、七生迄《しちしょうまで》もご勘当下さるべく候。

［広瀬書簡の大意］
①書簡を持参した者は、九重野の者で、広瀬の使用人である。
②会う所は鶴町か九重野で、どちらでもよろしいとのこと。
③今回は先の年とは違い、半途なことで廃することはない。
④もし不約束になれば、

只々何も拝語《はいご》ならでは、尽くし申さず候ゆえ、この上には差し控え、
略筆《りゃくひつ》仕り候。頓首。

一筆啓上仕り候。前同断の機会に相成り申し候ゆえ、是非御出浮《おんでう》け下さるべく候様、願い奉り候。余《よ》は尊顔を拝し得奉り、万々《ばんばん》申し上ぐべく候。恐惶謹言

月　日　広瀬健吉重武《ひろせけんきちしげたけ》

胤康禅師　玉机下《ぎょくきか》

和尚は例の如く早速出かけた。鶴町は今の津留町で九重野の平原に接し、肥後国《ひごのくに》阿蘇郡内である。日向国西臼杵郡高千穂村大字三田井より、豊後国竹田に至る道中、三田井から五里余りの所。

和尚はその九重野の平五郎方に止《とど》まって、小河、広瀬と協議を遂げて帰った。それから翌安政六年（一八五九、和尚三十九歳）一月、次のような書簡がきた。

七生までも御勘弁ください。

津留町（現在）

新春の御慶《ぎょけい》、千里同風、目出度く申し納め候。まずもって、尊師ご機嫌よく、御座なされ、恐悦の御儀に存じ奉り候。さて鶴町後、久々消息も相絶え如何と案労仕り候処、去秋、素方禅師より同州御山住みの趣、承知仕り候。小河と相談仕り、使いにても差し上ぐべきと申し候えども、ご承知の通り、当藩の人気故、かれこれと遅延仕り、この段は悪しからず、御承知成し下さるべく候。さてまた、先年の一条、土州の心得違いにて、かれこれと謀策行き違い、今の残念少なからず、実はなんとも、申し訳も御座なき次第に御座候えども、我々の心中は、ご推察なし下され候。去《さ》りながら、去る事は是非なしと諦めおり申し候。巨細《こさい》の儀は小河より申しあぐべく候間、文略仕り候。その後当藩の様子、日日小人志を得、政体一通り、小人《しょうじん》にて固まり申し候。さりながら、今に我々の身に災害の至ると申すほどの儀は決して御座なく、只々君子は馬鹿になる工夫のみにて御座候ゆえ、憚《はばか》りながらこの段はご安心成し下さるべく候。天下の形勢も、近来は夷人《いじん》ますます志を得、政令、言語に絶え候事のみにて御座候ゆえ、遠からず一変仕るべくと、

［広瀬書簡の大意］
①和尚は早速出かけた。
②日向国と肥後国、及び豊後国の境界にある地域である。
③和尚は小河、広瀬と協議して帰った。

相楽しみおり申し候。その節は貴顔を拝する期も御座あるべくきと意願い仕りおり候。誠に天下に人は無く、嘆息《たんそく》の至りに御座候。去りながら、是は我が勝手には一段の得意にて御座候云々。その外申し上げ度き儀、海山に御座候えども、不文ゆえ筆頭に尽くし申さず、ご推察なし下さるべき候。余は再開の時を期し候。　恐惶謹言。

春陽七日夜　認《したたむ》

広瀬《ひろせ》健吉《けんきち》重武《しげたけ》

彭康《ほうこう》大師　玉机下《ぎょくきか》

小河からの書簡は左の通りである。

一昨昨年の過去の罪状は、一言の申し訳も御座なく、只々低頭平身謝し奉るまでに御座候。心事いかほどもご推察下さるべく候。恨むらくば、それがしをして、禅師の材力あらしめたまわば、かかる頭は掻《か》くまじきものをと、嘆息《たんそく》仕り候までに御座候。いずれも材徳の及ばざる

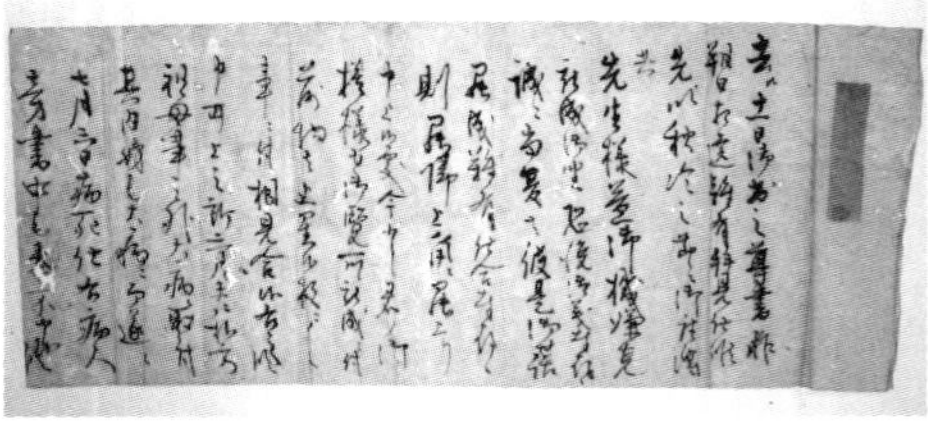
和尚あての広瀬重武からの書簡

［小河の書簡大意］
①小河は、一昨年から昨年の罪状（藩主妹が若い武士と夜逃げした事件）を謝った。一つは始めの密議を知らなかった

故の儀にて、罪を謝するも、謝する言葉はこれなく候。この段幾重にもご高免下さるべく候。葬礼戻りの医師談にて申し候えば、第一期は小生、始めの密議を存じ申さず候故、諸君あやまりたまいし事あり。

第二期は鈍太郎奴をして、往来せしめたる故、事の情を誤りたる也。第三期に至り候ては、銘々材力の薄きより、猶予狐疑に落ち入りたるにて、ここに至りて罪を謝する言葉はなく、ただただ材徳の及ばざるを嘆息するまでに御座候。あわれ一度交わりを結びたる因《よし》みを捨てたまわず、今一度の拝顔を許したまえと、是のみ願い奉るのみ。艸々《そうそう》敬白。

義挙謀議の室

文久元年（一八六一、和尚四十一歳）の春、小河と広瀬は相携えて曽木にきた。和尚は、例の天滝へ案内した。そこで江戸城や各藩城砦《じょうさい》の図を広げて、夜と共に語り明かした。

この時は『天滝ごもり』とは違い、宝作は柳瀬町から酒肴《しゅこう》を運んで、

こと。二つは若い武士を慈眼寺に連れていったこと。三つはお互いに財力が薄かったことなど。和尚には今一度拝顔をお許しくださいと、願うのみであったなど。

遠来の珍客をもてなした。和尚は共に盃を手にして、労をねぎらった。
その年の夏、和尚は竹田に赴いた。そこでは茶屋の辻にある広瀬宅に逗留した。和尚の『韜武《とうぶ》新書』[※11]はその間の著述である。この書の詳細な内容はわからないが[※12]、言うまでもなく兵学である。岡藩竹田内では写本が使われていたが、今（大正九年）は一本もないという。

広瀬の家は茶屋の辻にある。竹田の町から山川《やまがわ》という所を過ぎ、爪先あがりに登り詰めると、胡麻生《ごもう》という所、そこはすこぶる眺めが好い。そこから千人塚を横切って五、六町（五〇〇〜六〇〇メートル）往く。

岡藩竹田からは西南にあたり、わずか一里であるが、なにしろ四十八谷、四十九峰という土地柄であり、交通には難渋した。左も右も奇岩怪石で旧道を回りでもすれば崎嶇《きく》曲折[※13]、かろうじて駱駝《らくだ》の背のような所に出る。すなわちそこが茶屋の辻。

茶屋の辻は天下の奇勝である。南向こうに祖母岳、倉木山が聳《そび》え、脚下の清流が白滝川で、向こう岸に清水《しみず》湧く清涼窟《せいりょうくつ》がある。そのほとりに魚栖《うおす》みの瀑布《たき》が懸《か》かって、雄瀑女瀑《おたきめたき》が相連なる。高さ十数尋《ひろ》、幅十八

※11　胤康和尚の書いた兵学の書。

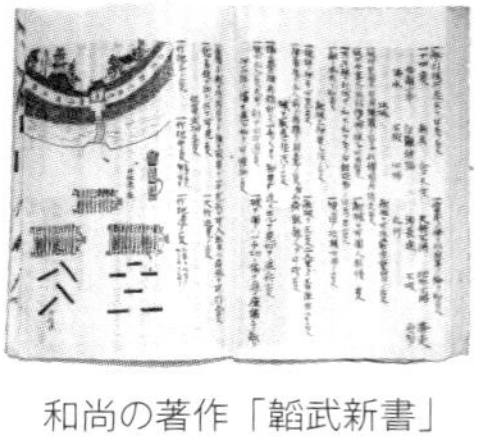

和尚の著作「韜武新書」

※12　原著の大正時代は見つかっていないが、その後発見され、資料館に展示されている。

※13　山路がけわしく曲がりくねっていること。

竹田魚栖滝（大正時代）

間。音たかく落下している。その下流には魚栖橋が架かる。その魚栖《うおす》みの瀑布《たき》より数里を距《へだ》てて沈堕の瀑布《たき》などがある。

　これより一町ばかり遡上《さかのぼ》ると、岸には樹が立ち込めて、日光を漏らさぬ仕上げの淵、その岸頭に古びた二階建ての家が遺っていた。それがすなわち広瀬中佐[※14]の生まれた家である。それはまた広瀬重武が胤康和尚を招いた家であり、勤王の志士が集まった家でもある。さらに和尚が易を講じ、儒を談じ、兵法を説くかたわら、『韜武新書』を著した家でもある。

　茶屋の辻から見ると、擂鉢《すりばち》の底に眠れるような竹田の町が指顧《しこ》の間《かん》に在る[※15]。北には九重山、大山《おおやま》などが聳《そび》え、次いで源為朝の楯籠《たてこも》った古城、東には茂みの上に臥牛《がぎゅう》城を望む。また、広瀬の家から一町ばかりの地に『権現《ごんげん》の井《い》』[※16]がある。茶屋の辻の十七戸は皆その水を汲んでいた。今（＊大正期）は四、五の伏屋があるばかりで、大方は十年の役[※17]で焼けてしまったのである。当時、円山《まるやま》のほとりに屠牛馬《とぎゅうば》などができてたいへん俗化していた。

※14　広瀬武夫海軍中佐。一七八二年竹田市生まれ。ロシア駐在武官を経て、日露戦争に従軍。旅順港閉塞隊を指揮する途中戦死。軍神として文部省唱歌にも歌われた。

広瀬家屋敷跡

※15　指さして呼べば答えるほどの近い距離

※16　「井」は泉または流水から、あるいは地を掘り下げて、水を汲みとる所。井戸。

※17　明治十年の西南戦争のこと。

時機《じき》漸《ようや》く熟す

尊王の大義は、日本の国体と一致し、千古万古変わるべきものではない。攘夷の主張は国際上の一政策で、時勢と国力とによっては、必ずしも善正とはいえない。しかも尊王攘夷と続けて、一つの熟語のようになったのは、何故であろうか。歴史上、面白い事実である。

鎌倉幕府以来、武家がだんだんと増長して、畏《おそ》れ多くも、朝権を掠《かす》め、皇室を蔑《ないがし》ろにし、専恣《せんし》（わがまま）は言語《ごんご》に絶するものあり。冠履倒置《かんりとうち》（上と下が逆なこと）、順逆、地を易《か》えているのである。

ところが国史の研究が盛んになり、日本の国体についての鮮明なる自覚が起こり、漢学的浩々《こうこう》の正気《しょうき》[※18]がそれに加わって、一種の学風となり、武家の横暴ということが歴々として知られて来たので、憤慨を措《お》くこと能《あた》わず、上下に通じてその心が養われた。

徳川氏の末期、嘉永六年（一八五三、和尚三十三歳）六月、米国の使節[※19]が来航して、開国を強請した。幕府には卓識少なく、大手腕少なし。唯々《ただただ》、

※18　「浩々」は広いこと、「正気」は本気。心に宿る何事にも屈しない道徳的勇気。

※19　いわゆるペリー艦隊のこと。ペリーはこの年、東

内は志士を抑え、迫害に至らざるはなく、外は夷狄《いてき》を迎合することに努め、神国日本を挙《あ》げて、屈辱に甘んぜしめんとしていた。

志士は熱涙を払った。剣を按《あん》[※20]して進んだ。幕府は一面に於いて、益々残虐さをほしいままにし、他面においては、手も足も出せないでいる。

時は至り、機は熟した。かくて尊王の大義は、さらに高調せられ、攘夷の主張がこれに結びついてきた。然《しか》り、尊王は国民が本来懐《いだ》いてきたもの、攘夷は好《よ》い折にたまたま発生して来たのである。

幕府は財政の窮迫と攘夷論とで追々と窮境に陥った。志士はその機に乗じて、尊王の大義を具体化しようとした。彼らの思想は極めて純粋なものであった。故にその手段もまた、誠《まこと》に単一なものであった。即ち理想は理想としての別な現実に安んずるものではない。理想即現実を期している。それだけに尊王の義挙と称するものも、直ちに兵火を以《もっ》てするの外はなかった。

時は段々《だんだん》と切迫してくる。和尚は例の如意を斜めに構えて、眼を閉じてみたり、濶《かつ》と見開いたりした。その時、小河《おごう》（偽名＝槌兵衛《つちひょうえ》）の文通が

インド艦隊を率いて浦賀に来航、翌年、再航し、横浜で和親条約を結び、日本の開国を果たした。

※20　剣をおさえる。

来た。

その後、絶音問《おんもんたち》、尊慮《そんりょ》も恐れ入り候。去月の中ごろ、一人差し立て候様にと、書状も認《したた》め置き候らえども、使いの者病臥《びょうが》にて、心外に延引の内、機軸運旋、過日、広瀬生罷り出で候仕合せ、先ず以て春寒強く候らえども、いよいよ御安泰御座なされ、恭悦奉り候。委細の事、広瀬より、御聞き取り下され候旨、猶また同人へご伝語のことども、つぶさに承知仕り候。相変わらず御尊諭のことども、重畳《じゅうじょう》有難く、感《かん》佩《はい》し奉り候。何分この上偏《ひとえ》に宜しく願い奉り候。しかるに広瀬より、申し上げ候みぎりよりも、またまた京都の形勢、意外運旋《うんせん》いたし、田《でん》河内《かわち》の事《こと》、一昨十一日ごろ京都発足、地名不譨（※原書のまま、意味不明、隠語か）を奉じ、小倉を通り、肥後、薩摩へ罷り下り候旨、それにつき、小生にも、同様の訳これ有る旨、申し来たり候。よって、小生上京、相止《あいとど》め、今日より筑前山鹿駅人馬会所にて、広瀬、同河洲を待ち受け、河洲一同、薩州に入り込み、委細申し談じ置き候はず。もっと

[偽名の書簡大意（実の筆者は小河）]

①二月の中ごろ、小河は書状を和尚に認めたが、使いの者が病気で中断した。その後広瀬が使者となり、詳しいことは広瀬が伝え、また和尚からの伝言もつぶさに聞いているという。

②そのころ、京都の形勢に動きがあり、河内某（中山家の侍臣・田中河内介）が三月十一日頃、重要な人物を奉じ、京都を出発して小倉を通り、肥後、薩摩へ下るという情報があったと記す。

③そこで上京を取り止め、広瀬が筑前山鹿駅で河内某一同を待ち受け、薩摩に同行し、詳しいことを話し合うことにした。

も久留米辺の同志の者のうち、重だった者は、これまた同行のはずに申し談じおき候。しかる上は、頃日《けいじつ》、広瀬罷り上り候みぎり、申し上げ置き候形勢よりも、また一段好景気に相成り、重畳相歓び申すことに御座候。何様、広瀬より追々委細申しあぐべく候。品に寄り候ては、私ども入薩の上は、迅雷疾風の処分にも仕り度くと存じ含み候事も御座候。形勢によっては、鹿児島より御地に直に書状差し出し候事も御座あるべく候。この段は必定は期し難く御座候えども、御含みおかせられ下さるべく候。兎《と》も角《かく》もご苦労ながら、この上は、第一着に御打ち立ち為し下され候様、この談、只々偏《ただただひとえ》に願い奉り候。云々。（三月十四日）

『義挙録』[※21]には「日向国延岡なる慈眼寺看主[※22]胤康という人がいる。この人は、始め彭康《ほうこう》または定康と称し、後、今の名に改めた。勤王の志篤きのみならず、兵器に長じて、胆略ある人であり、小河一敏も前方より交わりを結び、壬戌《みずのえいぬ》の春、上坂しようとする時、広瀬健吉を彼地に

これは、先に和尚に伝えられたことよりも、一段と武装蜂起が身近になったという伝言であった。
④小河や広瀬が入薩の上は、状況が迅雷疾風となり、鹿児島から出陣の書状を出すかも知れないので、第一着で打立って下されるよう願っている、と述べている。（この情報は京都の河内某が、公武合体派島津久光によって捕えられ（寺田屋事件）、瀬戸内海で処刑されたので実行されなかった）。

※21　竹田岡藩が記した「正義のためのくわだて」の書物

※22　住職が病気で勤務できないとき代行する人。（胤康和尚は病気の天休住職に代わり慈眼寺の職務をとり行った）

遣わし、即今、岡藩より上坂する者は、一敏がこれを率いるといえども、同志中、半ばは後より出発するはずで、その時、これを率いて、上京ありたしと、当時の形勢事態を告げてやったが、胤康は憤然として言った。事のここに至るは時なり。大丈夫身を国に致さずばあるべからず。云々」とある。

久光鹿児島を出発

たまたま薩摩藩主の父島津和泉守久光は、将軍御機嫌伺いのため、藩主の名代として江戸に赴くことになった。家臣千余人を引き連れ鹿児島の城を出発した。それは文久二年（一八六二、和尚四十二歳）三月二十五日である。

この報はたちまちにして、各地に飛んだ。志士は皆躍然《みなやくぜん》として「時機至れり」を叫ぶのである。こうして我も我もと藩地を出で発《いた》った。許されない所は夜に乗じて脱藩した。

これより先、岡藩では、京都中山家の侍臣《じしん》田中河内介との宿約もあり、機の熟するのを待っている。そこで使いを曽木にやって、和尚の来援を懇願した。

東肥《とうひ》南関《みなみのせき》にて相認《あいしたため》、一筆啓上仕り候。春寒未だ散ぜず候えども、まずもって猊座下御安泰にいらせらるべく、珍重奉り候。然れば過日認め置き候書状に申し上げ候通り、河内介下向の筈につき、私儀上京見合せ、今日まで待ちおり候えども、今もって下り申さず。別段仔細が出来候ことと、考え考え申し候。ついては、私儀入薩の都合も宜しからず候。その内、島津和泉守、明々《みょうみょう》後日発駕の由に付き、水股辺《みなまたへん》に待ち受け、薩摩の同志の列に面会、委細の形勢をつぶさに承り申す積りに御座候。その後、いろいろ仔細これあり、策略手段は、種々変応も候らえども、根底決挙の一段は、次第に堅固に相成るよう見受け申し候。河内介罷り下り候えば、猊座下には、御打ち立ちの御辞令十分宜しく、所存も相考え置き候えども、同人罷り下らず候えば、その儀出来申さず、そうなっては、御打ち立ちの辞令御座なきようにも、

［飯田（小河の偽名）書簡の大意］
三月二十二日
①小河は熊本の南関から、書状を和尚に送っている。内容は前回（三月十四日）以降、三月二十二日までの八日間の周辺の状況が記されている。
②そこには何かの理由で、河内介の下向がままならず、小河の鹿児島行きの予定がくるったこと。
③さらに島津久光（藩主の父）が上京するので、水股（水俣）あたりで、待ち受け、薩摩の同志に面会して、詳しい事情を聞こうと思っていること。
④厳しい状況は、和尚

おぼし召さるべくやと心配仕り候えども、何分にも、今度弊藩同志とも、打ち立ち候みぎり御発途なし下されたく、弊藩同志ども、いずれも壮若の者のみに御座候ゆえ、この者ども、ご指揮なし下され候様、重々願いあげ奉り候。

私儀は、何様少々前かど出京の含みに御座候ゆえ、出京仕り候上は、猊座下には、ご辞令よく立ち候様、如何ようとか周旋仕りたくと含み居り申し候。兎も角も恐れながら叡慮《えいりょ》に従い奉り、一同勤王の微志を尽くし候迄の所存に御座候ゆえ、この段汲み取り下し置かれ、速やかに御打ち立て下され候様、重畳《ちょうじょう》願い奉り候。頃合い、日限等の儀は追って広瀬列より、言上仕る候にて、御座あるべく候。猶右烈より申し上ぐべく候えども、私よりも一応この段申し上げ置きたく、このの如くに御座候。恐惶謹言《きょうこうきんげん》

三月二十二日

飯田槌兵衛《いいだつちべえ》

偉勇大禅師　猊座下

にも伝えられている通りですが、河内介が鹿児島に下ってくるか否かで決まること。

⑤河内介下向がなければ、岡藩同志たちの指揮者として（和尚に）上京を願っていること。

⑥とにかく和尚のお考えに従って、勤王の微志を尽くすまでのことであること。何卒速やかに、打立ちくださることを願っていること。

⑦日付け等は、追って広瀬より申しあげます。私からもこの機会に書面をもって申し上げておきたい。　以上

飯田槌兵衛《いいだつちべえ》というのは、小河弥右衛門の変名である。和尚はこれに対し、例の宝作を竹田へ遣わした。

岡藩志士の動静

この間、岡藩士の動静および和尚との関係については、『重武伝』に次のような記事がある。

文久二年(一八六二)一月に至り、薩摩の是枝柳右衛門《これえだりゅうえもん》がきて、二月中旬を出ない内に、島津和泉公(久光)も出発すべしとて、やがて上京した。然るに岡藩は薩摩の事情も、九州有志の立場もとんと分からないので、止むをえず、二月三日より、広瀬は太宰府参詣を名分として出足し、小河は広島の墓参を名分とし、共に出発した。

小河は熊本、久留米、秋月等を経て、ついに上京し、広瀬は九州の事情を持ち帰って、同志とともに上京する約束にて出発し、玉来にて小河と別れ、日州曽木に至り、胤康に事情を告げ、熊本等の有志を訪ね、秋月にて出会うべき約束であった。また加藤條三郎、渡辺新左衛門の両士は、君公に同志の事情を密かに告げるため、同日出発し、江戸御屋敷を指して上京した。

広瀬は約束の如く、日州より肥後高瀬の松村大成を訪ね、同家にて平野次郎その他同志に会合し、水田《みずた》にて真木和泉《まきいずみ》を訪ね、秋月にて小河に会し、太宰府に小野、加藤を訪ね、山井駅にて、京都田中河内介、綸旨《りんじ》を奉じ、薩摩に入るとのことにより、それを待ち合わせのため、滞留すること五、七日。されど河内介は影も形も見えない。

それから小河は入薩し、広瀬は三月六日竹田に帰った。時に同志者は追々増加六十七ばかりにもなっていた。翌朝、直ちに土佐(中川氏)に至り、九州の事情を告げ、以後は中川土佐公を首領と仰ぎ、一つに薩摩の挙足の日を待って、打ち出でようと力んでいた。

十五日朝、広瀬は土佐家に中川伝次郎と会し、かれこれ密議を凝らした末、今日までのごとき、要路の模様、正気不振に於いては、由々しき大事なり。烈しく激論も構え、聴かれざる時は決心するの外なしと、やがて土佐宅に同志者相集まるべしと触れた。ちょうどそのとき、夕刻、小河は薩摩より速追いにて帰り来たり、直ちに執政中川式部に薩摩の事情を告げ、熱心に意見を述べた。

翌十六日は、式部亭にて大評定となり、とうとう一決した。曰《いわ》く、事成る時は、中川家の臣と称し、事成らぬ時は、浪士となって、中川家に心配をかけぬという趣旨にて、小河を頭とし、同志少々上方まで出立することに決した。よって同志の者は、密かに出発し、いずれも下関《しものせき》に至り、会合の約束にて十八日出足した。

このようにして岡藩二番手の同志も続いて出発の都合であったが、藩の要路の議論が変わって一切これを許さぬことになる。

広瀬と矢野とは一分《いちぶん》相立たぬとあって、二十五日の夜、中川伝次郎の許《もと》にいって、烈《はげ》しく迫った。城を枕にして自害するより外なしと息まいた。ところがこの両人だけは、内々で許されることになり、翌朝未明出発し、少し遅れて野溝も出かけた。

文久元年（一八六一、和尚四十一歳）八月の初旬、岡藩から使いが来る。そこで差し出された小河、広瀬連名の文書は以下のとおりである。

一筆啓上仕り候。先達《せんだっ》ては、炎暑の砌《みぎり》、遠路わざわざご投錫《とうしゃく》、御教示下し置かれ、有難く存じ奉り候。爾後《じご》、いよいよ御機嫌よく御座なされ、恭悦奉り候。然ればその砌、申し上げ候一条、急に熟しかね候様子にて、今もって右人物（河内介のことか）当地に出浮け候までに至り申さず候に付き、御許《おんもと》にも差し出し申さず。一両月中には、極めて参り申すにてこれあるべくと、見込みおり申し候。何様、私どもの浅々敷見渡しにては、とてもいけ申さず、猶以て尊諭の旨、敬服奉り候仕合せ、右方々、別けて手間取り候えども、決して中途で廃し候訳に御座なく、根張り丈夫にと相考えており候ゆえ、この上申し上げ兼ね候えども、今一左右申し上げ候まで、何卒その表へ御滞在願い置き奉り候。万々一、お見込みどおり、行なわれ申さず候わば、別けて早速言上仕るべく候は、その上にて、御見捨て下され候よう願い奉り候。

［小河・広瀬書簡の大意］
①八月初旬、五カ月振りに竹田岡藩の小河・広瀬から書状がきた。
②連絡が遅れたのも、河内介がいまだ当地へ入らないからであり、この両月中には、動きがあると思われること。
③尊王論のことでは、敬服奉りいたし仕合せであること。
④日程ははっきりしないが、万々一上京決行が行われなかった時は、早速言上します。それを見て御見捨てください。また竹田岡藩士では竹田に於いて小河・広瀬以下九人が召し捕えられたこと

それまでのところ、くれぐれもご猶予願い奉りたく。余りに御左右申し上げず候て、恐れ入り候故、ご安否相伺い方々、愚札を呈しかくの如く御座候。恐惶謹言。

八月二十二日

小河弥右衛門一敏
広瀬健吉重武

胤康禅師　猊座下侍者衆中

尚々時候、折角御自愛あらせられるよう願い奉り候。

また、岡藩志士の出奔《しゅっぽん》については、『召捕一條』に、「竹田表にて、立ち退き候面々名前相尋ね候ところ、きっとお話し申すところにて、心配致し候ゆえ、お手前様までのお話と、御聞き下さるべき旨、申し聞け候。その名前左の通り」とあって、小河弥右衛門、広瀬健吉、安藤藤次郎、井上金吾、高崎善右衛門、矢野勘三郎、堀律之助、田辺良作、野溝甚四郎、夏根某、福原某、堀田某とある。

など。

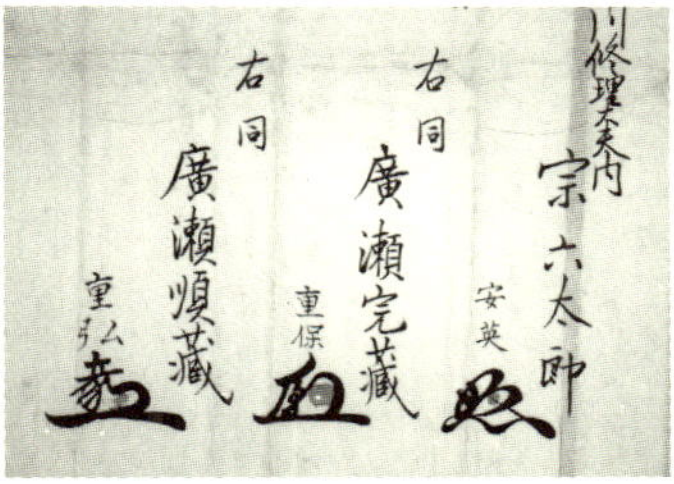

「血判状」の宗六太郎、広瀬重保・重弘の署名

寺田屋騒動

この人びとが大坂に着いて、程なく島津久光が到着した。文久二年(一八六二)四月十日である。天下の志士は内外呼応、東西等しく起つべく準備していた。

久光は堀次郎等を引見し、志士の躍起を鎮《しず》むべきを命じ、やがて京都へ赴いた。そして八か条の建言を草しその執奏を請うた。

この建言は御嘉納《ごかのう》遊ばされた。こうして久光の東勤は止めさせられ、京都において、公武の間に周旋せよとの大命が下された。

志士たちにはその詳しいことが分からない。ただ、久光の処置を生ぬるいと言っているばかりで、平野次郎、清河八郎らを筆頭に、有馬新七、柴山愛次郎、橋口壮助、田中謙介、田中河内介、真木和泉、小河弥右衛門らは意見書を出し、もう思い思いに兵器を携え、すでに全く出陣の出《いで》立《た》ちであった。

彼らの作戦計画は、勅《みことのり》を久光に下し賜い、大坂城を奪い取り、彦根城を焼き、二条城を抜く。こうして京坂にいる幕吏を残り無く縛《ばく》し、さらに勅を七道に下し賜いて、天下の諸侯を集め、天皇自ら六師を率いせられ、幕府の罪を問う。将軍が罪を謝する場合は、これを赦《ゆる》し、職を奪い、位を剝《は》ぎ、所領を没して諸侯に下す。もし命に抗する時は、進んでこれを征討し、遺類を絶滅するというにあった。その何《いず》れになるも、九条関白尚忠を斬に処し、京都所司代酒井忠義を血祭りに上げることに決定した。

かくてその中の八十余名は、夜船に乗って伏見へ赴き、寺田屋に会して、準備をしていた。その所へ鈴木勇右衛門等八名の士がやってくる。それは久光の命を帯びて鎮《しず》めに来たのであった。

止まれ、止まらぬの押し問答がちょっとあると、も早、抜きあった。こうして互いに激しく切り結んだ。これが所謂《いわゆる》「寺田屋騒動」の一幕である。

『寺田屋騒動』は同士討ちである。純忠の国士が、妙な具合から相刺し相殺したので誠《まこと》に千秋の恨事《こんじ》である。

しかし寺田屋の梯子《はしご》段《だん》から、下の座敷一面を紅に染めたのは無効ではなかった。これによって勤王軍の気勢は揚がった。各地の義挙決行は促進されたのである。

五　内藤氏への義理が仇になる

天休の寿命

天休の病気は、だんだんと重くなるばかりであった。文久元年（一八六一、和尚四十一歳）正月に、隠居することになった。その跡は和尚が継がねばならぬが、平僧であるから資格がないので俄《にわ》かに看主《かんしゅ》[※1]の願いを出した。『召捕一條』に次の記録がある。

文久元年正月、慈眼寺住職大隣（天休和尚）儀、病身に付き、隠居仕《つかまつ》り候ところ、右弟子胤康、未だ平僧に付き、法地住職罷《まか》りならず、よって看主願いの通り仰せ付けられ候儀に御座候。即ち願書左の通り。

拙僧儀、病身に罷《まか》りなり、寺役、檀用、相勤めがたく御座候に付き、

※1　住職の代行者。

檀中対談の上、隠居仕り度く、願い上げ奉り候。右跡看主の儀は、
弟子胤康へ仰せつけ下され候様、願い奉り候。　以上。
　正月二十六日
　　　　　　　　　　　　　　　　慈眼寺大隣
　　　　　　　　　　　　　　　　檀中惣代
御本山台雲寺宛て

右之通り願い出申し候ゆえ、何卒右願いの通り、仰せつけ下され候
よう仕り度く、願い上げ奉り候。　以上。
　社寺御奉行所宛て

右之通り御座候。　以上
　六月二十九日
　　　　　　　　　　　　　　　　社寺奉行

看主となったのは、その年の六月末であるが、その節、師の坊（天休）
の寿碑《じゅひ》を慈眼寺境内に建てた。そうして石を選ぶにも、土を運ぶにも、

檀徒と共にその労役を分かった。
碑の表面には『宝匡印舎利塔《ほうきょういんしゃりとう》』[※2]とあり、下の台石には、『武州《ぶしゅう》赤塚《あかつか》松月《しょうげつ》二十七世前の永平当寺現住大隣天休大和尚』とある。右側面には『願以此功徳普及於一切我等与衆生皆倶成仏』[※3]とあり、下の台石には『明治第二龍舎の己巳《つちのとみ》の年三月初八日』[※4]とある。左側面には『是此宝塔右繞三旋低頭合掌一心恭虔風縁雨因阿鼻升天苦報受楽百願万全諸災消滅衆病除蠲万民清快四海治平』[※5]とあり、下の台石には『武州豊島郡之産人弟子彭康謹造之』[※6]とあり、その下に『石工大貫村亀四郎、小峰門徳治』とある。その右側面のは天休寂後に彫ったものである。

天休は不治の病に罹って、余命いくばくもない。和尚もまた、いつ国難に殉ずるかも知れないので、言わず語らずである。ちゃんとこんな準備をしたものと覚える。またもって和尚の孝心の一班を見るに十分であろう。

天休和尚寿碑
（慈眼禅寺・大正時代）

※2　供養塔・墓碑塔のこと。
※3　生きとし生ける者は皆悟りをひらいて仏になること。
※4　明治二年三月八日。
※5　すべての人はきよく心よく世界太平であること。
※6　武州豊島郡生まれの天休和尚の弟子彭康（胤康和尚）が建立した。

「虎穴に入らずんば虎児を得ず」

和尚は苦しい立場に立った。それは所属する延岡藩主内藤氏は譜代大名で、幕府を支える立場にあることであった。これまでは外様の他藩（岡藩）へ自分の思いを告げてきたが、岡藩を動かすことは至難の業《わざ》であることも感じていた。それゆえ必ずしも薩摩（島津久光）に頼って、事を起こしたくもない。和尚は公武の調停（公武合体運動）などは迂遠《うえん》なこと（まわり遠いこと）と思うので、彼らの麾下《きか》に馳《は》せつくことを唯一の道とは思っていなかった。

それでも時はますます切迫してくる。岡藩二番手を引率して出る準備をしなければならない。それにしても、延岡で内々兵を募っては、首尾よくいっても二百は覚束《おぼつか》ないだろう。そこで和尚はいつもの流儀をだすことを考えた。

いつもの流儀とは、「虎穴《こけつ》に入らずんば虎児を得《え》ず」ということわざにある。これが和尚の口癖でもあった。すなわち、虎穴に躍《おど》り込んで食い殺されるか、虎児を捕まえて出てくるか、二つに一つの生き方であった。

また一面では、延岡藩主に対する義理からも来ていた。それは『召捕一條』に、

当国は御譜代ゆえ、諸藩より向こうに見られ候か。前件の次第、承知致さざる様子に、相察し候故、拙僧扶助等は聊《いささ》か受け申さず候らえども、三十年来、領内に罷《まか》り在り候ことにて、国恩浅からざる儀につき、内訴候えば、御為筋と存じ候処、当藩中に懇意の仁もこれ無く、微賤の者へ大事明かし難く、心労罷り在り候処、幸い藩中松崎進士と申す仁《じん》、同寺に参り候ゆえ、前件相洩らし内訴相談仕り候

と和尚自身が言っている。

故に敵地と分かっている内藤氏に対し、同じ覚悟で同じ寸法で、その懐に飛び込むつもりでいた。

［大意］
延岡半は譜代だから幕府側とみられているのであろう、義挙について承知しないであろう。と言って三十年も領内に住んでいて恩もあるが、懇意にしている者もなく悩んでいたところ、松崎進士という藩士が寺に来たので相談した。

「宝作さん、よしや敗れたとしても、一人の命で済むわけじゃ。坊主頭を一つコロリと転がせば、それが木魂《こだま》のように響きわたって、なにかの合図になろうかも知れぬ」

和尚、延岡藩士に大義を説く

こんなことを言っていたが、その後のある日の事、偶然、松崎進士が慈眼寺にきた。和尚は喜んで迎えた。そこで桃の実の珠数を右手に、黒く輝く目を見張りつつ説きだした。

「今日は御内談がある。よく聞いてください。殿様へも洩れなく言上に相成るよう、老職への御取り成しを頼みます」

松崎は座布団をすべって傾聴の意を表し、両手をついて、いささか面を上げている。

「そもそも皇国にて君とし仰ぎ奉るは、天朝《てんちょう》の外にはござらぬ。君臣と申すは人倫の第一義で、その君は即ち、天朝にましまし、臣は即ち将軍家をはじめ、我らに至るまで一様ではござらぬか。孟子もいったように、普天《ふてん》の下《もと》、王土に非《あら》ざる無く、率土《そつと》の浜《ひん》[※7]、王臣に非ざるなしだ。士分では国々の大名を君と唱え、将軍家をも君と称することはあるが、あれは尊敬して用いた仮の名で、真実は、主従の間柄だ。このように鎌倉以来、武家の権威がだんだんと強くなり増さり、ついには横暴跋扈《おうぼうばっこ》を極むるに至り、畏《かしこ》くも、天朝をないがしろにし、奉《たてまつ》る振舞いあり、言語同断、沙汰の限りではござらぬか」

松崎は手に汗を握っている。四辺《あた》りに心を置いて、扉を撲《う》つ夜風さえ安からぬ思いで聴いている。和尚はさらに、

「主上はご英明に在《お》わしますから、将軍家の思うままには成らせられぬ御事もあるが、近頃、北条義時が御三帝を流し奉りしに倣《なら》わんために、さらに藤原基経の陽成帝の御位《みくらい》を下し奉りしに倣《なら》わんために、高時の後醍醐帝を流し奉りしに倣わんために、その先例を調べしめているとさえ伝えられる。聞くだに、思うだに、肉は骨を離れ、腹《はらわた》は寸断になるを覚える」

眼は血走っている。月代《さかやき》は逆立《さかだ》っている。こうして右手《めて》の珠数を両の

※7　陸地の果ての海浜まで。

手にして、引きちぎらんばかりに力を込めつつさらに語り続けた。

「まことに、これ人天《ひとてん》ともに赦《ゆる》さざる大悪逆、大非道、大不敬ではござらんか。将軍という栄職も、諸藩国主の官位も皆、天朝よりの拝領でござれば、士分たる者はその国主を善きに導き、上御一人《かみごいちにん》に対し奉りて、忠節を立てさせねばならぬではござらんか。将軍家のあるを知って、天朝のあるを知らず。仮の君臣の間柄あるを知って、真《まこと》の君臣の間柄あるを知らぬ輩の多い世である。おいたわしき御事の数々を洩れ承けたまわりては、一茶一飯《いっさいっぱん》もこの咽喉《のど》を通らぬ。年頃日頃の胸の苦しさ、切なさ。口にも筆にも尽《つく》されぬ。

幸いに岡藩には義兵を挙げる日も近いと存ずる。いよいよ錦《にしき》の御旗《みはた》の翻る暁《とき》と相成り、幕府の御縁故深いとの御義理立てから、汚面々々《おめおめ》差し控えておられるようならば、御家の滅亡は期《ご》して待たれる悲しい御命運……安閑とされている場合ではない。もし薩摩の軍勢打ち打ち向かうならば、僅々七万石の御城下は、一たまりもなく潰され申すだろう。なにとぞ、このところを詳しく申し上げられ、君側の迷いを覚《さ》まさせ、第一番手は他藩に先立たれるとも、第二番手か第三番手の人数には、着到致したく存ずる。天地とともに変わるまじき大義のある所、篤《とく》と御説き明かし下され。

出陣とあれば、この胤康、かねて用意もござれば、ご案内仕ります。時は今だ、一刻遅ければすなわち、不可也だ。くれぐれも頼み入る。御老職へお執《と》り成し下されるように……」

流石《さすが》の英雄も、感高まり情熱し、胸が逼《せま》って、忠肝義胆《ちゅうかんぎたん》包むに由無く、涙をはらはらと溢《こぼ》す。

松崎進士元近は、松崎杢右衛門の家に生まれ、弘化二年（一八四五）剣術のため、召し出されて二人扶持を受け、組外の列に入り、筑後国柳川の大石進について修行し、同四年帰藩。文久二年（一八六二）三人扶持となり、中小姓組に入り、御徒目付《おかちめつけ》などを務めている。

延岡の評議、きびしく迫る

進士は旨を得て寺を出たが、説くべき人を見いだせず、そのままになっている間《うち》、病気にかかった。和尚は松崎の左右《そう》（報せ）を待ちかねていた。そして遂に延岡へ出かけ、彼の家を訪ねた。『召捕一條』によると、

当家に内訴頼み置き候進士の都合、いかがかと存じ、同人宅へ罷り越し候処、同人儀、足痛 旁《かたがた》、その段にこれ無く候ゆえ、手段相尋ね候えども、心付きもこれ無く候ゆえ、戸高桂助は如何と申し出で候処、進士も同意いたし、桂助は読書も応分にでき候人柄、ことにかねがね懇意にも候ゆえ、内談致すべきと相談に及び候。その桂助は、外に用があるとの趣で寺に参り候は、前件内訴の儀相話し候処、進士よりも内話があり、猶只今 承《うけたまわ》り、一大事の儀に候えば、身軽の我輩、直訴出来かね候ゆえ、まず原小太郎は学友の儀に付き、内談致すべき段、相談いたし候。

とある。戸高桂助通尭は天保九年（一八三八）、父幾治の後を襲《つい》で、十

［延岡評議の大意］
①和尚は「延岡藩への内訴」を進士に頼むために、進士の家を尋ねた。②しかし進士は足痛を理由に断ったので、戸高桂助をお願いしたら進士も同意した。③桂助は進士のすすめで同意はしたものの、内々の話で、別な用件があるとして慈眼寺に参った。桂助は一大事のことだから、身分の低い私では、上層部への直訴はできかねる。そこで親しい原小太郎に相談してみたいと言う。

八俵三人扶持を受け、中小姓組に入り、下吟味、お料理頭取などを務めた人。この戸高から原小太郎へ内談に及んだものと覚える。

その後のある日の夕暮れ、一人の武士が慈眼寺にきて、茶を一杯所望した。和尚は手ずから汲んで渡した。そうして黒い眼で見抜いた。この男は探索だと思った。好《い》い加減《く》にして置いた。

和尚の申立書に次の一節がある。

原小太郎は門弟にて遊学の士を送り、行縢《むかばき》社に参詣、ここまで参り、只今、甲斐武平次方に立ち寄り、貴僧に面会出来るべきやと、相尋ね候由の処、誰にても面会致し候。僧故、参り候よう申し聞け候間、立ち寄り候旨にて申し候わば、貴僧才能の聞こえ且つ隣国の事共承知の由、御話承り度くと申し候。始末挨拶し候らえば、この人為り多く、渇き候とて茶を乞い、呑みも致さず候。その上、武平次方より一町内外の間に渇きも致さぬ筈《はず》、旁々不審に存じ候。偖《さて》は桂助に申し向け候内訴、悪敷《あし》く聞き込み候て、探索の為、原小太郎より差し越したるな

［和尚申立書の大意］
①原小太郎は、門弟を様子見に遣わした。使いは途中、甲斐武平次の所に立ち寄り「和尚との面会ができるか」などを聞いて、面会可能なことを知り、訪ねてきたという。
②和尚は才能の持ち主であり、隣国の事情も承知されておられるとのことで、お話を聞きたいと挨拶をした。

らんと存じ候。且つ、我雑《がざつ》の申し分旁々に付き、何事も相話さず、能《よき》程《ほど》に応答致し居り候故、罷り帰り候に付き、姓名相尋ね候処、辻四手蔵と申し候。

その後、戸高が来た。和尚は前日の事情を述べる。戸高は恐縮している。この上はよく考えて、いずれ「内訴致すべく」とばかり、一方《ひとかた》ならず気の毒がる。同じ申立書に、

拙僧申し候は、身を捨て、国恩に報い候心得に付き、聞き込み悪しくして、召捕りと相成り、如何様申し付けられ候ども、少しも頓着致さず候と申し述べ候らえば、桂助儀、左様相成りては、決して相済まず、なおこの上、再応相計るべしと相答え候。

とある。

宝作は、いろいろ考えて、さすがに胸を痛めている。和尚も眼を閉じ

③門弟は、一町（約一〇〇メートル）も歩かないのに、のどが渇いたといってお茶を乞うたので、お茶を差し向けたが、呑む様子はなかった門弟を不審に思い、何も話さなかったが、原小太郎が差し向けた家宅捜索の密偵であろうと思ったという。

［続 和尚申立書の大意］
和尚は「私は身を捨て国に報いる気持ちでいるが、誤解されて召し捕えられたら、どのような処分をなされても、少しも揺れ動くことはない」と言ったところ、桂助は、そのようなことになれば、たいそうすまないので、「再度考える」と答えた。

て考え込んだ。

「胤康さん。延岡の御評議は如何《どう》でござりましょうか」

宝作は余りの気遣《きづか》わしさに尋ねた。

「御評議は三段だ。第一段ならば駕籠で迎えに来る。第二段に下ると、御沙汰なしだ。第三段となると召捕りに来る」

と和尚が答える。宝作はさらに一心になっている。和尚の答えの緩やかなのが辛気《しんき》［※8］でたまらない。

「三段のうちの、何れの段でございましょうか」

和尚は首を少し傾け気味に、宝作の顔をじっと見入っていたが、またちょっと首を振った。

「十手の光るのも近い」

「えっ。第三段でございますか」

「そうだ」

豪胆な宝作は、きっとなった。

※8　じれったく、いらいらすること。

和尚召捕《めしと》りの命令

時は文久二年（一八六二、和尚四十二歳）三月十日の夜、延岡の少年輩は、藩校広業館に集まり、一定の課業を終えて雑談をしていた。そこへ桜小路の鈴木千左衛門の家から使いが来て、急ぎ参れとの口状があった。

集まっていたのは三宅仙蔵、内藤千代之助、原田実、芳賀恭之助、浜松其七、吉田廣治、今泉堅平、四屋延陵等の面々である。一体何の用だろうと不審《いぶか》しく思っていたが、千左衛門は柔術の師範で渋川関口流《せきぐちりゅう》の達人で、一同の尊敬する先生であるから、早速講座を閉じて、雨のしょぼしょぼ降る淡月《うすづき》のまだ宵《よい》のころ、傘をさして出かけた。

千左衛門は、一同を招き寄せて「いずれも近う」と静かな調子で、愈々不審《いよいよいぶか》しい。

「にわかに呼んだのは余の儀でもない。曽木慈眼寺の胤康を召し捕るにより、各々にも加勢せられるよう」

案外の用件に少年輩は顔を見合わせている。今泉などは師範代わりもするくらいだから、そうでもなかったろうが、他の多くは少々安からぬものがあり、すぐには受けかねてもいる。千左衛門はさらに続けた。

「諸国より浪士多分入り込みいる由にも承る。万一の場合、取り押さえるまでだ」

とあるに気味悪く、吉田寅次郎、清河八郎、藤本鉄石等[※9]が銃口をそろえて、どこか途中に待ち伏せているだろうなどの噂《うわさ》さえ思い出す。

しかし君命の伝達、如何とも致し難い。いずれも言い合わせはせぬが決心をした。そうなると若い同志の元気も好く、早や腕をさすってきっとなる向きもある。

「畏《かしこ》まりました。ついては一応罷《まか》り帰り、身支度を致しまして」

「イヤ。帰宅は相成《あいな》らぬ。今宵は夜明かしを致し、暁近くに乗り込む」

罪人召し捕りということは、公用であって、賤《いや》しい業であるから、士分の者にはさせない。延岡には与力というものは無く、同心と足軽の役目になっているが、相手が和尚という豪傑、おまけに浪士の応援があると

※9　三人とも当時、勤王の志士として知られていた。

いうので、万一の場合の押さえであった。他にも二三男《じさん》が参加した。

こうして付近の番太[※10]を百余名集め、手ごろの棍棒《こんぼう》を手に手に持たせた。前代未聞《ぜんだいみもん》の騒ぎである。

和尚捕まる

時は移る。夜は更ける。早七ツ時（午前四時）となる。一同はいざとばかり身を固めた。鈴木千左衛門を先頭に立てた。襠高袴《まちだかばかま》に打裂羽織《ぶっさき》、両刀を帯して高下駄ばき、それに手には各々小縄を一筋持った姿である。

町方役所の方からは松崎某が、郡方役所の方からは服部某が出て、同心十人、足軽十八人。それが皆バラバラになって進み、番太組は遠巻きにして手はずをした。

慈眼寺に着いたのは六ツ時（午前六時）少し前であった。千左衛門の指図で、それぞれ持ち場を定め、シッシッと互いに制しつつ、手襷《たすき》早く十文字、如何にも物々しい身構えである。

和尚は十日の夜、狭い精舎《しょうじゃ》[※11]に黙を守っている。そこへ宝作の弟の亀治

※10　江戸時代、町村に召し抱えられて火の番や盗人の取り締まりにあたった者。

※11　仏道修行者の住む所。寺院。

が来て、延岡の噂などを語った末、

「明日から眼の養生にでます。しばらくのお別れでございますが、どうやら胸が騒ぎまして、お別れが厭《いや》に感じられます。万《よろず》にご用心なされますよう」

との心細い挨拶をした。

和尚はただうなずくばかりで、送り出して後は、依然として沈黙を守っている。

物思う身の夢は覚めやすく、起《た》って本堂の戸を開けると、雨は晴れて影は白い。満天の星、山桜が軒近くに咲いて、見るに夜景が面白く、しばらく佇《たたず》んでいるうち、鶏の声が聞こえてくる。

戸を閉めて、再び寝床に入っていると、門内に人の気配《けはい》がするようにもある。やがて誰か一人這入《はい》ってきた。静かに和尚の枕辺に寄る。見れば地方《じかた》[※12]同心の一人甲斐安次であった。

「胤康さん、御用でございます」

その態度は、物の言いようにまったく迫った点がなく、至極穏やかな

※12　江戸時代、「町方」に対して農村の地をさして「地方」といった。

口ぶりである。

「縄を打つか」

「致し方ございません」

「受けよう」

和尚が座り直して、両手を後ろに廻せば、安次は「ご免」と立ち上がって、腕を重ねて打ち伏せた。こうして首から引きかけて軽く締めて早縄《はやなわ》に止めた。[※13]

和尚は眼を閉じたまま引かれた。表に出ると多勢《おおぜい》が控えている。門外には役所から駕籠が来ている。それへ押し込むや否や、針金でぐるぐる巻きに巻いた。

「いずれもご用心」

千左衛門の一語を聞くまでもなく、乗り物は宙を飛ぶように延岡に向かった。役人の一部は同地の甲斐宝作方へと進む。他の助勢の二三男《じさんなん》、番太の一団は、和尚の駕籠を追って往く。

宝作も安藤新太郎も同じ日に召し捕えられた。弟の亀治も眼の養生の

※13 罪人を捕らえて縛る縄。ていねいな対応を表す。（一四二ページ参照）

ため家を出て、曽木原の下の坂の上に来た時、縄にかかった。

曽木では大騒ぎである。村中が出てきて、泣くやら叫ぶやらで、なかに傷《いた》ましいのは和尚の師僧天休であった。師は目は見えず、耳は遠く、足腰も立たぬ永い間の煩《わずら》いにもかかわらず、よぼよぼと出てきた時は、もう駕籠は一里も向こうを飛んでいる時であった。

豪邁《ごうまい》な大隣天休も、今はただ落ち窪んだ眼に涙を湛《たた》えて、うろうろと室内を手探りに探っている。孝心深い和尚は、今籠の中で、天休の驚きを、見るように聴くようにあるであろう。

仮屋に入れられる

延岡では仮屋が出来た（旧高等女学校敷地内）。和尚をその仮屋に入れた。こうして士分の二三男を残り無く召し出し、仮屋の周囲に番兵として置いた。殊《こと》に五ヶ瀬川を警戒させた。

それもその筈《はず》である。浪士が襲来して、和尚を奪い返すという説もある。現に尾道《おのみち》の物外《もつがい》[※14]も『胤康貰い受け』のため、延岡に来ている。物外

※14　伊予（愛媛県）生まれの禅僧。または、ものげ、ゆつげとも。

揚げ屋跡（現在岡富中学校内）

はいわゆる拳骨《げんこつ》和尚で、八寸厚の碁盤を拳固で凹《へこ》めたくらいの怪力僧のことである。

物外の来たことは確実である。『召捕一條』の中にある『臺雲寺応答書』[※15]に次の一節がある。

当月八日夕、旅の僧罷り越し、取次の者へ申し聞け候は、拙僧儀は芸州尾道西方寺《せいほうじ》物外《もつがい》と申すものにて、この度京都白河殿より御用向きにて、当所へ罷り下り、町別当宅へ只今着致し、すぐさま当寺に罷り越し候訳は、方丈へ面会致したき旨取次より申し出で候に付き、当寺への御用向きにて御下向なされ候や、または外方《ほかがた》へ御用ついでに、御出でなされ候や、尋ね候処、外方への御用向きに候えども、方丈へ内々問合せ申したき筋にて、罷り越し候と申し聞き候に付き、早速面会仕り候処、右僧申し出で候には胤康と申す僧、去年来御上より、御召し捕り入牢致し居り候由、如何の訳にて御召し捕りにや、貴殿に相伺い候えば、相分り申すべきと存じ、罷り越し候旨申し出で候に付き、拙

※15　江戸時代、寺は幕府の「本寺末寺制」で支配されていた。慈眼寺の本寺は台雲寺とされていた。

[台雲寺応答書の大意]
①怪力僧（尾道西方寺の僧）が京都の貴族からたのまれて、この寺にきた。用件は、延岡藩が胤康和尚を捕縛した理由を聞きたいことなどである。
②胤康和尚は昨年捕えられたものの、入牢するでもなく、新しく造った座敷留にいると説明した。
③さらに怪力僧は、胤康和尚を貰い受けたいと言うが、藩主は江戸にお

僧相答え候えば、なるほど去年より召し捕えられ候えども、何の意味と申す儀は存ぜず、入牢と申す事にもこれ無く、新規に普請でき、座敷留めと申す様なることに候段、挨拶いたし候処、旅の僧申し聞くには、右僧貰《もら》い受け申したく如何のものに候やと尋ね御座候ゆえ、拙答え候は、その儀は思し召しに候えども、当時領主出府の上、右僧の儀は、公儀伺いに罷り成り居り候趣、承《うけたまわ》り候えば、急に返答、御座あるべくとは存ぜられず、しかしながら、留めも勧めも致さず、御勝手次第になさるべくなどと、程宜《よ》き挨拶を致し、さてまた御用の儀は如何の意味合いに候や相尋ね候処、云々、当所にしばらく御逗留成されれ候や、相尋ね候処、明日出立《しゅったつ》、岩戸村まで罷り越し、十四、五日ごろ、またまた当所に罷り越し申す可く云々。

この警護のために召し出され、四人ずつで交替した。その二十三人余の人物は次の通りである。

今西嘉蔵、児玉和喜治、平野文五郎、大見大之進、原田壽恵治《すえじ》

り、この件は、すでに幕府の手に在り、無理なことだと返答した。

④その僧は、このあと岩戸村に行って十四、五日後にはまたくると言っていた。

三松遵蔵《じゅんぞう》、加藤省三、加藤延吉、三友《みとも》尚之助、原田直三郎
白土《しらど》俊吉、白土種之、白土芳蔵、原田鼎之助《ていのすけ》、加藤伊織
大島敏吉、今西袈裟吉、今西盛之助、長尾釜八郎、山室章蔵
矢吹但馬《たじま》、三宅易之助、宇野駒吉　その他。

仮屋の説法

仮屋には明かり障子が建って、日当たりも好く、青畳が敷きこまれている。

内藤氏の立場として、不本意ながら召し捕ったものでもあり、且《か》つは知勇兼ね備える高徳の和尚であるから、いかに酷く遇《むご》すべきや。げに幽閉という外には、少しも不自由などは無く、足軽が昼夜の交替で、何かと用を達し、その外「御話相手《おはなしあいて》」という臨時の役さえ設けられ、士分の者が絶えず出入りをしている。

和尚は獄中説法を続けて、勤王論を強烈に説き立てる。また時には胤康係り御用人安井田作夫、寺社奉行三松百助《ももすけ》等を相手に、囲碁に遊び、

将棋に慰んでいる。

三度の食事に贅《ぜい》は言わぬが、冷や飯は断じて食べない。煙草も高千穂の名葉『浅ヶ部』ならではという。我は科人《とがにん》でないという信念が万事について廻るためであった。

『白洲《しらす》をせよ』[※16]ということは、和尚が『御話相手』を通じて言わせることで、幾十回にも及んだが、沙汰がない。いわゆる『右近将監《うこんしょうげん》様深き思し召し』[※17]からそのまま置いた訳である。

和尚断食と天休の来延

このようにして、月経ち、年暮れて、世は文久三年（一八六三、和尚四十三歳）となった。勤王の志士の消息も分からず、岡藩の義挙如何かと案じられて、こうしているのが苦痛この上もない。遂に耐えることもできなくなったのであろうか、ある日の朝より、物一言もいわず、黙って座ったままである。

お気に召さぬ儀もやと、賄《まかな》い方の心配は一方ならない。膳部に心を込

※16　訴訟を裁断し、または罪人を取り調べる場所。奉行所。法廷のこと。

※17　右近将監は内藤政挙のこと。一二三ページ本文参照。

めての献立をして、魚肉に色物の撰《えら》み難しく、菜菓に初物の珍しいものを集めたが、和尚は見向きもしない。

何を言っても返答なく、眼を閉じて唇堅く結ぶ。術尽きたる余り、足軽の長崎屋幸兵衛を呼びにやることになった。幸兵衛は平素からお気に入りの男である。面白いことを互いに語って、大口をあけて笑うのが常である。この男ならではとの趣向であった。

幸兵衛、走り込みさま「胤康さん」とすがりついた。和尚は死んだ人の身の、そのまま硬《かた》くなったように、押せども衝《つ》けども動かないので、幸兵衛は青くなって飛びだした。そこで駕籠を傭い、大急ぎに急がせて曽木へと赴いた。

慈眼寺には天休ただ一人、取り残されたように、ほの暗い一室に身を横たえている。介抱は宝作の家から交代できている。さすがの英雄も五体の不随に心細く、且《か》つ和尚の身の上を案じ煩《わずら》いつつ、日も暮れず夜も明けぬ思いに過ごしている。

幸兵衛、踊り込みさま「御隠居さま」と呼び立て、「是非にお出でくださいませ」と息を急き急き《せせ》物語る。天休一いちうなずいて、やおら病軀を起こすのであった。和尚は孝心深く、師の恩を感ずることに厚い。ゆえに天休の一言ならば、断食もしないだろうという幸兵衛の計らいであった。やがて自分が乗ってきた駕籠に天休を乗せた。こうして後ろから棒端に手を添えて、ホウイホウイと掛け声気さくに、早や延岡に着いた。

天休は眼が見えない。導かれるままに、明かり障子の外まで、にじり寄れば、和尚は気配でもう覚《さと》っている。閉じた目の裡《うち》には、御坊様のやつれた姿が、ありありと浮かぶ。その時懐かしい声が耳元に響いた。

「若《にゃく》一日、若二日、若三日、若四日、若五日、若六日、若七日」

唱え終えて、天休は静かにいざり出で「御方々、何かと好《よ》きにお願い申します」と恩愛の情禁じ難く、見えぬ目からホロホロと涙を落とした。

和尚は若一日、若二日と聞くごとに、活水が胸に満ち、全身に満ちて来るのを覚え、若六日、若七日で濶《かっ》と目を見開けば、哀れや夕日に映る障子の影淡く寒く、飛びかかって抱き付きもしたいところを、じいっとこらえて、伏し拝むのであった。

「幸兵衛さん、大儀であった」

優しい挨拶をする。やれ嬉しやと飛び込んで、茶だ、菓子だ、御膳だと持ち運べば、和尚静かに箸《はし》をとった。

若一日、若二日云々は、仏説阿弥陀経に、『舎利弗《しゃりほつ》、若し善男善女人あらば、聞くならく阿弥陀仏、名号を執持《しゅうじ》して、若一日、若二日、若三日、若四日、若五日、若六日、若七日、一心不乱その人命を終わる時に臨み、阿弥陀仏、諸聖衆と、現にその前にあり、この人《ひと》の終わる時、心《こころ》転倒せず、即ち極楽往生阿弥陀仏、舎利弗《しゃりほつ》、我れこの利を見る、故にこのことを説く、もし衆生のこの説を聞くものあらば、まさに発願して彼の国土にうまるべし』とある。

経文《きょうもん》の意義には、深い訳があろうが、禅宗同士の師弟の間であるから、これが二人の中に、どんな謎と暗示とになっているのか知れない。

その後、幸兵衛が「若一日、若二日は何のことでございますか」と尋ねた。すると和尚は「時節だ」とばかりで、他に何をも言われなかった。

和尚が仮屋におられる間に、召し捕りの際、縄を打った甲斐安治もまた、交代して付いている。

かの時、安治が「御用なれば致し方はございません」と顔をつきだした。その顔が好かったそうである。

「縄を打たせたのは、安治への褒美《ほうび》だ」

こんなことを言って、安治安治といって傍《そば》を離さない。入浴の世話や頭を剃《そ》らせることは、みんな安治に定まっていた。安治も深く感じたと覚《おぼ》しく、「白洲でも済《す》めば、私は坊主になる」と言っていた。

内藤氏父子の苦心

内藤氏は父子（右近将監、備後守）ともに極めて聡明である。胤康和尚の人となりを夙《つと》に知悉《ちしつ》しておられた。『召捕一條』の中に「右近将監様深き思し召しをもって」という語がしばしば出てくる。藩主の深甚なる同情が推量される。

しかも世の中は物騒《ぶっそう》を極めている。『胤康謀反《むほん》』という噂が高く、輪に輪を掛けて言いふらす者が多い。「御譜代の御家筋にて、右様の流布之有るものを、そのまま差し置かれ候儀、公儀に対せられ候ても相済まず、自然御不忠の御事にも相あたり、申す間敷きものにも之あり」など諫《いさ》める者があるので、止むを得ず召し捕らせたものらしい。

故に、後日の申し訳くらいの沙汰であったと思われる。吟味なども慈眼寺から、錠前付きの小箱を差し出させたのみである。遂にいわゆる「白洲《しらす》」無しにしている。

ところがこの召し捕りのことが、少しずつ世に広がっていった。殊に尾道の物外《もつがい》和尚などが遣《や》って来たので、藩中だけでは済まなくなった。それに加えて岡藩との密接な関係がある。岡藩は今混雑の最中であるから、幕府に聞こえるのも遠くはないだろう。家臣はヤレソレと騒ぎ立てる。

一面は勤王の志士が来て、和尚を奪い去ることを恐れ、一面は公儀の御咎《とが》めということを恐れて、しきりに藩主に説いたものと覚《おぼ》しく、ついに文久三年（一八六三、和尚四十三歳）八月、板倉周防守[※18]へ、大方次のよう

※18　ときの幕府の奏者番。寺社奉行、老中首座、備中松山藩十七代藩主。

な伺いを上げたのである。

北方村曽木門慈眼寺看首

胤　康

右は東国出生、姓は北条の由、四歳の時、父に離れて、母の手にて生長。六歳の時、志を立て、事を謀候には、出家都合宜しく、武州豊島郡赤塚村松月院住職大隣弟子と相成、十二歳の時慈眼寺に大隣一同罷越、当戌四十二歳に相成候趣の処、陰謀の企て之有趣、流布相聞こえ候に付き、相探らせ候処、不如法の事共相聞こえ、且つ捨て置き難き儀も之有、容易成らざる事がらに付き、早々召し捕り申すべきと、御家老より申し上げ候処、右近将監様思し召しには、実に不容易ならざる儀には候えども、事実不分明にては、召し捕り候儀も、これ又容易ならざる儀に付き、先ず暫く見合せ候様、御下知なされ候処、猶又探りの者等差し遣わし見候処、相違なき趣相聞こえ候由申し上げ候云々。余儀なくその意にまかせられ、当三月中召し捕り、揚がり屋へ差し置

[延岡内藤藩から幕府へ上げた伺書の大意]
①まず、和尚の出生地・父母・出家・慈眼寺移転などを記したあと、
②「陰謀企て」の流布は藩の調査でも捨てがたき容易ならざる事であり、家老は召し捕ることを幕府筋に伺ったが、延岡藩主右近将監は事実がはっきりしないので、しばらく見合わせるよう指示した。
③それから藩では、探りの者に調べさせたところ、陰謀の事は相違ないことがわかった。そこで三月に召し捕り、揚がり屋へ連れて行った。
④藩は慈眼寺の捜索も

き、寺内吟味致させ候処、錠前付きの小箱これ有り、そのまま差し出させ、御重役並びに掛り御役人相改め候処、岡藩中と覚敷諸文通これ有り、中には事を謀り候に似寄り候文面も相見え、容易ならざる事柄、驚き入り候。云々。何分御一手限り差し置かれ候筋にもこれ無く候。然る上、胤康儀御差出、それぞれ御穿鑿《せんさく》相成り、事実明白致すべく候えども、その砌《みぎり》より世上穏やかならざる振り合いにも相聞こえ、万一同志の者、露顕の覚悟を以て、いかなる心得違い致し候儀、これ有る間敷き者にもこれ無く、深くご心痛なされ、追々模様を以て、差し出し方御伺いなさるべくと、差し控え置かせられ候儀に御座候。右同人中立、前件の通り事実にも候えば、猶また岡御藩等に組合おり候儀故、京都表よりの響きも如何御座あるべきかも計り難く、よって先ず何となく差し置かれ、右御手当向きの儀は、入念取扱い候方然るべくと、右近将監様御指図なされ、別囲いに御入れ置かれ、朝夕の飲食に至るまで心付け遣わし置き申し候。

行い、証拠物件を回収した。その中には錠前付きの小箱があり、その中に岡藩からの文書が出てきた。そこには事（決起）を謀る文面も見られ、容易ならざる事柄に驚いた。

⑤本当なら、胤康和尚を幕府に差し出すところであるが、世情は穏やかならず、万一勤王の同志が覚悟を持って、いかなる心得違いをするかもしれない。そこで様子を見て差し出すことになった。

⑥和尚は勤王の志士であることを認めており、岡藩にも同志がいて京都表よりの評判も、どのようになるか計り難い。入念な取り扱いをするよう藩主右近将監の指図がなされた。和尚は別囲いに入れられ、朝夕の食事にいたるまで心付けが遣わ

この書面の裏に含まれる所により、和尚に対する藩主の慈《いつく》しみを見ることが出来る。

胤康儀、公儀御振り合いに寄り候ては、御赦免の御内慮在らせられ候処、この度中川様御家来、武藤章蔵儀、去る十七日この表に罷り越し、役中に面会の儀、添翰《てんかん》差し出し候ゆえ、各々へも相談の上、その段、郡奉行、町奉行、寺社奉行へ申し談じ、長谷川許之進差し出し、対談候処、対談の手続書差し出し候。然る処、章蔵申し聞くに、胤康自然御赦免等に相成り候ては、岡同志の者、面会あるいは書通の上、如何様の儀出来《しゅったい》すべきも、計り難きに付き、これまでの通り御手当、御取り締り向き、御据え置かれ下され候えば、岡藩の御処置大いに御都合宜しき旨、再々応申し聞きも御座候上は、ご隣国、且つ御続き柄の中、岡御政務機密頼みの筋も御座候えば、岡表故障中は、御赦免御座候えば、御義理合い宜しからず候間、いずれしばらくは、只今までの通り、差し置かれ候外、御座あるまじくと、相談を遂げ候ゆえ、猶又

された。

［書面からわかること］
①胤康和尚に対する延岡藩主の処置が、明らかになっていること。
②外様の竹田岡藩と譜代の延岡内藤藩の義理合わせをしていること。
③和尚がいかに懇切に遇されたかがうかがえること。
④譜代の延岡内藤藩には文武の豪雄が出なかったことなど。

御伺い御座候よう致し度く御座候。

こんな書面が、内藤治郎左衛門等[※19]より大島味膳[※19]宛てに出されている。これによると、和尚に対する藩主の意向が、ますます明らかになってくる。即ち一方において、岡藩への義理合いということもあり、仕方なくそのままにしたものと思える。こうした延岡藩の対応を見ても、如何に和尚が懇切に遇されたかということが窺《うかが》える。すなわち形に於いても、心に於いても、いわゆる『座敷留《ざしきどめ》』であった。

少し揣摩《しま》に亘《わた》る（推測になる）が、内藤氏の腹の底では、和尚の説を是認しておられたように思われる。譜代の家柄であった延岡藩臣として、勤王を鼓吹《こすい》し、且つ義挙を決行するような文武の豪勇が無かったので、どうすることも出来なかったのであろう。

「手延び」一件

その後も内藤備後守の家来某《なにがし》の名を以て、それぞれの手筋[※20]へ内慮伺

※19　両者とも延岡藩の役人。

※20　関係する方面。

いを出している。殊に前年、京都から大赦《たいしゃ》の御沙汰があるから、幽囚等の者を取り調べて、差し出すようにとの示達に接し、九月中、和尚の一件を御用番有馬遠江守へ申し出た。これらの「内慮伺い」は非公式のものであったが、いつしか公式のものになり、往《い》くべき道へ行き、出《い》づべき筋へ出たものと見え、和尚の運命に一つの異変が起こってきた。

元治元年（一八六四、和尚四十四歳）十二月二十九日のことである。水野和泉守[※21]から、江戸の内藤邸へ呼び出し状が着く。『水野和泉守様より今夕、御留守居まで切紙をもって唯今一人罷り出で候よう御呼び出しに付き、御留守居添役近藤速水《はやみ》罷り出で候処、左の、御用人牧田幾右衛門殿をもって、御渡しなされ候』と報じている。その所謂「御書付」は次の通りである。

同郡北方村慈眼寺看主　胤　康

右胤康儀、京都町奉行に於いて、吟味致し候筈に付き、早々同所に引き渡し候よう致さるべく候。かつ右体容易ならざる事ども、家来へ申

※21　江戸後期～末期の大名。寺社奉行、若年寄、老中を務めた。

［和尚の運命異変の大意］
①書付には京都町奉行で吟味するから、同所に渡すこととある。

し勧め段申し出候わば、京都公辺御処置振り僻境の事ゆえ、承知致さず候儀これ有り候とも、右の趣速やかに申し立つべき処、手延びに致し置き候段、不都合に之有り候。以後右体の儀之有候わば、早々申し聞け候よう致さるべく候。

和尚を京都町奉行所へ引き渡すことになれば、それは先ず一段落のようでも上申の『手延び』になったのが不都合であるというので、一種の譴責《けんせき》に附せられた。江戸邸御留守居の恐慌は一通りでない。

その夜、直ちに和泉守邸へ出た。そうして事の起こりから経過を詳細に開陳《かいちん》をした上、『備後守並びに右近将監、重役どもにも、恐れながら今般の御沙汰、承服仕り兼、甚だ残念の趣』を以て結んだが、どうも具合がよくない。

御尤の御儀には御座候えども、何分、元御内々仰せ達せられ候事にて候えば、御書送りと申す儀もこれなく、その頃お勤めの御方様も居ら

②容易ならざることであるのに、手延びに致してきたことは不都合であった。
③以後、このようなことがあれば、早々申し聞くようにすること。これは幕府から延岡藩への譴責であった。

［大意］
これまでもいろいろと善後策を考えて、幕府にも

せられ候えば、このようの儀にもいたる間敷く候えども、当時は御一人も在らせられず、御残念のことに候えども、致し方これなく、しかしその趣一応は、和泉守へも申し聞き置くべく、もっとも強《た》って右の段、仰せ達せられ候訳に御座候わば、御書面にて御差し出しなさるべくとの挨拶、しかしながら右の趣、書面にて仰せ立てられ御座候とて、今晩御達し相成り候御書付の趣、御取り消しと申す訳には相成り難き旨申し聞こえこれ有り候。左《さ》候わば御渡しの御書付不都合との仰せ渡されに付き、差し控えにても伺うべき筋にこれ有るべく御座候哉と、内々相尋ね候処、御指し図は申し上げ兼ね候えども、実は先刻より同役とも、明朝は元日にもこれあり、いず方も御祝い日の事故、とくにお出でも有るべくと話し合い居り、勿論御伺い成され候ても、すなわち御挨拶にても相済み候えば、何分御伺いの廉《かど》にも相成り申さざる事に付きなどと申し、伺い候方宜しきように何となく響きも付き候に付き、若し備後守はじめ、重役どもにも別に存意もこれ無く候わば、差し控え伺い候よう仕るべく、去りながら只今より御先手様お願い、ご

伺ってきた。書面にてはどうかと思い控えてきたが、不都合となると「差し控え相伺い」すべきかと考えているところである。

承知の上、御出し等も相成り候ては、益々時刻も移り候に付き、使者にて相伺い差し出したき段、内掛け合い致し候処、御手先様お名前さえ相わかり候わば、各々様ご持参御座候ても、その振りに取り計らい候よう致すべくと申し聞け候ゆえ、挨拶に及びそのまま引取り申し候。

この「差し控え相伺い」というのは、『待罪《たいざい》』[※22]を表する一つの形式である。和尚一件を公式に具申することが遅延したことにつき、命令の下るまで謹慎する訳と、その様相を述べたものである。

その夜の九時《ここのつどき》、近藤速水は、一番町御先手《さきて》、土屋大膳亮方へ赴く。そこで御用人石橋唯七に面会し『差し控え相伺い』の書面差出方について依頼を遂げ、成瀬老之進は水野和泉守へ参り、御用人柘植内匠《つげたくみ》に面会し、内談、時を移した。

私領分日向国臼杵郡岡富村台雲寺末、同国同郡北方村慈眼寺看主胤康儀、京都町奉行所御吟味成され候筈に付き、早々同所へ引き渡し候よ

※22 処罰を待っていること

［近藤速水が御用番牧野

う仕るべき旨、且つ右体容易成らざる事ども、家来へ申し勧め候段申し出で候わば、京都公辺御処置振り、僻境の事故承知仕《つかまつ》らざる儀、之有り候えども、右の趣速やかに申し立つべき処、手延びに仕り置き候段、家来の者御呼び出し、御書付けを以て仰せ渡され恐れ入り奉り候。これによって差し控えの儀、伺い奉り候　以上。

十二月二十九日

内藤備後守

内藤右近将監のも同文で、初めに「同姓備後守領分日向国云々」とあり、末段に「私に於いても恐れ入り奉り云々」とある点が異なっている。

この書面は、近藤が御用番牧野備後守へ差し出した。ところが同夜、いわゆる『御付札』が付いて下げられた。その御付札には「差し控え及ばず候」とあった。御留守居の面々は、ほっとばかり吐息をついた。

このようにして『手延《ての》び』の一件も先《ま》ず事無く落着となった。

備後守へ差し出した書簡の大意」

①胤康和尚を京都町奉行所で吟味するから、早々同所へ引き渡すようにと言われた。

②遠い地であり何かと手延びしていた。このたび書付けを受けとったが、差し控えの件について伺いたい。

六　和尚、京都へ送られ獄死

東海港出船

和尚を京都町奉行所へ引き渡すということを、飛脚《ひきゃく》を以て国許《くにもと》へ知らせてきた。延岡でもまた大事件である。

送り出せば済むようなものの、途中にいかなる椿事《ちんじ》が無《な》いとも限らぬから痛心一通《ひととお》りでない。そして先ず警固を次のように定めた。

御用人	安井田作夫
寺社奉行	三松百助
寺社下役頭取	佐々木軍七
寺社下役	赤坂準蔵
医師	竹村恒夫

台雲寺役僧　一人
台雲寺伴僧　一人
足軽寺社同心　十二人

護送すべき方向は、海陸何れに進路を採るべきか。これにもすこぶる苦心したらしい。

胤康儀、中国陸路お差し出し成されし御心得の処、この節防長辺の通行は深くご心配に付き、海路御差し出し成されたき旨、去る四日、水野和泉守様にお伺書、お留守居成瀬老之進を以て差し出し候処、翌五日、伺いの通り相心得、書面の趣、京都町奉行所へ、相達し置き候よう致さるべき旨、御指図これ有り候

とある。それから船の準備である。船は「小早《こはや》」といった漁船の大きなもののような形で、それに屋形を付けたのが六艘。そのうち三艘は新造である。青畳を敷き込み、御紋の付いた幔幕《まんまく》を張る。

和尚の駕籠は、金網造りの堅固な物である。

胤康儀、京都町奉行所へ御差し出しに付き、厳重に警固致し罷り在り候らえども、尚奥御祐筆《おくごゆうひつ》佐山八十郎殿に、御留守居より相伺わせ候処、未だ罪状も決せざる者に付き、駕籠へ確《しか》と錠を付けて警固致し、御差し出しの方然《ほうしか》るべき旨《むね》、仰《おお》せ聞かされ候由、もっとも、脱衣は致させざるかと存じ候

とあるので、いわゆる網乗り物の、しかも金属製であったことが分かる。

和尚の船は『亀丸』という。船端《せんたん》に厳重な囲いをして、その中へ前記の網乗り物を担《かつ》ぎ込み、安井、三松、竹村が同乗し、佐々木、赤坂、台雲寺は別の船で、足軽同心が各船に分乗した。

こうして慶応元年（一八六五、和尚四十五歳）二月朔日《ついたち》、東海《とうみ》港[※1]を発航した。埠頭《ふとう》には多数の人がいる。口には言わないが、和尚が無事の帰来を

※1　延岡市の北東にある港。延岡藩の参勤交代などの出入港だった。

祈っている。

こうして櫓声《ろせい》ようやくかすかに、船体だんだんに小さく、風に吹かれる幔幕《まんまく》のひらひらするのが淡《うす》く見える頃まで、目には涙を湛《たた》えて見送っていた。

大坂上陸、京都へ護送される

飛脚船仕立てで昼夜休航なく、寄港なしで、船子《ふなこ》が代わりあって、力限りに漕いでゆく。和尚と警固の人々とは、駕籠の内外で話をしている。永い間の海路で、風あり、雨あり、怒濤山の如く葉舟呑まれんとすること幾十回。それでも大事な役目であるから、船酔いなどもとよりなく、和尚は駕籠の中で、端然として座っていた。

船はかろうじて大坂に着いた。三月二日の夕方である。東海を出船して三十日目であった。それから一行は大坂の屋敷[※2]に落ち着く。

小林祐蔵は大坂藩邸の留守居として来ている。磯貝左十郎、加藤喜兵衛、今西忠四郎、三村茂里は丁度江戸詰め御免になったので、大坂から

東海港（大正時代）

※2　江戸時代、大坂は「天下の台所」で、流通経済の中心地で、各藩は米蔵などを備えた藩邸を構えていた。

京都への差添えを命ぜられて来ていた。

この外、渡邊平兵衛、小池真吉郎、山田孫太夫、古川桂太郎等も江戸より遣わされ、京都には御用達小野嘉七がいて、何かと世話をしていた。大坂から京都への護送は、さらに危険である。始めは伏見船に頼るつもりであったが、沿岸地方、志士の徘徊がある由、もっぱらの噂であるから、進路を変えたのである。

伏見船は相除き枚方《ひらかた》を通る旅行を取り計らうべく候。もっともその差し添えの者にも申し談じ、厳重に取り計らい候よう存じ候

とある。また、

加藤助之丞組子召し連れ、船待ち滞坂罷り在り、入船もこれ有り候えども、未だ船仕舞《ふなじまい》に相成らず、空敷《むなし》く滞坂　云々

とある。ところが京都にいる小野嘉七が、町奉行瀧川讃岐守役所へ呼び出しを受け、出頭をしてみると、胤康吟味係りの与力三浦諦次郎が出てきて、次に記す文言の「御切紙《おきりかみ》」一通が渡されたのである。

同国同郡北方村慈眼寺看主　胤　康

右の者儀当地にて吟味候様、江戸より仰せ越され候段、松平越中守殿へ仰せ渡され候故、御引き渡し候よう取り計われるべく候事。

外に尾道の物外《もつげ》和尚に関する台雲寺よりの書面を出すようにとの口達もあった。

これについて、小林祐蔵は、町奉行所へ届け出すべき筋もあり、且つ和尚引き渡しの手都合協定のため、二月三日の夕方、船路で京都へ赴く。手筈は整ったと見え、小林からの指図も滞りなく来て、いよいよ出発することになり、二月十七日の朝、陸路から大坂を後にした。その夜は伏見に一泊で、翌十八日、京都着の予定である。

京都に居て、道中ことなかれとのみ祈りに禱《いの》っていた小林は、予定の如く九ツ時（正午）に着したのを見て、胸を撫《な》でおろし、それから麻の裃《かみしも》を着用し、若党二人、槍《やり》持ち一人、挟み箱、合羽籠《かご》という出で立ちで、町奉行所へ出頭した。

これより先、町奉行の「胤康吟味掛」へそれぞれ付け届けをした。付け届けというのは、今ならば賄賂《わいろ》のようなものである。これは小野嘉七が、同心惣助と懇意にしているところから、巧《うま》く計らったもので、当時はこれがなくては通らない。そしてその収賄《しゅうわい》が、堂々と書面をもってするのが不思議である。

手紙を以て啓上候、然れば、備後守用事向き、以来相頼まれ候に付き、目録の通り進上致し候。右の段貴意を得べく、申し付けの趣かくの如くに御座候 以上

三月五日　　　　内藤備後守内　小林祐蔵

滝川讃岐守様 御組

与力　三浦諦次郎様　　金三百疋《ひき》
同心　杉原作十郎様　　同弐百疋
同心　酒井　惣助様　　同弐百疋
右の通り下《くだ》し置かれ候

これは御用達小野らが持参した。このようにして小林は三月十五日、三浦諦次郎宅に赴き、胤康差し出し方等の協定を遂げた。

和尚を引き渡す

京都町奉行は、畿内及び近江、丹波、播磨の八カ国と幕府領の租税徴収や、市中の訴訟を裁断し、兼ねて社寺の事を管理する。江戸幕府になってからの職制である。

和尚をここへ引き渡すようになったのは、社寺の方との関係で、和尚の身分から来ている。奉行所は西町にあった。

三月十八日、小林は「御使者の間」で待ち受けている。すると、約束していた時刻に、小野嘉七が先案内という格でやってきて、「只今着《ちゃく》致しましてござりまする」と言う。

その旨を諦次郎へ通じる。ほどなく、「胤康乗り物、すぐさま御門内へ持ち込むように」との指図があり、こうして「受け取る前に、内籠手《うちごて》[※3]を打たせるのが御定法《ごじょうほう》であるから、差し出し方へ申し談じ下さるべし」との丁寧な挨拶をした。

安井《やすい》田作夫《ださお》も『御使者の間』にいる。諦次郎ならびに目付役一人と同心惣助とが出てきた。三松百助は寺社奉行兼帯で、差し添え罷り出でたのであるから、御引き渡しの席まで参りたい旨を述べたところ、「よろしい」というので、これもまた「御使者の間」で待っている。

やがて、和尚を乗り物の中から引き出した。言われたように、内籠手を打ってある。小高い縁側へ、縄付きのまま荒々しく引き上げる。雑色《ぞうしき》[※4]の者が後ろに、その後ろに佐々木軍七、赤坂準蔵、その外寺社同心がそろって控える。

和尚は法衣を脱がさないことになっていたが、「法衣不都合の次第も

※3　熟練の職人の作る剣道籠手《こて》のこと。罪人へのより厳しい対応。（一一四ページ参照）

※4　江戸時代、京都所司代の下で要人の警固などに当たった町役人。

これ有り、品取り寄せまでは、余ほど隙《ひま》取りにも相成り候ゆえ、右の訳をもって、諦次郎へ入魂《じゅこん》致し候処、苦しからざる旨申すに付き、そのまま差し出だし引き渡し候」とある。

このようにしていよいよ『引き渡し』ということになる。引き渡しの室は小林、安井、三松の三人である。和尚を引き立てる時、酷《むご》く激しく痛々しく、突き伏せて、足蹴《あしげ》にせんばかりである。何の事はない、小泥棒の扱いであった。

警固していった同心も足軽も、涙を浮かべて立っている。その時、和尚は、引かれながら一度こちらを見て、ニッコリとした。すると恐ろしい声で「歩めッ」と浴びせた。このちょっと振り向いたのが、この世の別れであった。今もあの時の顔が忘れられぬといって、帰った後も、その後も、行った者が語っては泣いた。

正面には諦次郎、その傍《かたわ》らには、目付役同心が出る。こうして和尚を前に引き据えると、諦次郎は書面をとり上げ「国所《くにどころ》は」と問う。和尚は「日向国内藤備後守様御領分曽木門《かど》慈眼寺看主胤康四十五歳」と詞《ことば》少なに答えた。引き渡しはそれだけのことであった。諦次郎は安井に向かって、一寸《ちょっと》会釈をする。

「胤康慥《たしか》に請け取り申した」

「胤康慥に御引き渡し申した」

三人はまかり出でて御使者の間で控えている。すると諦次郎がそこへやってきて、「讃岐守に直《じか》にお目にかかり、御請け取り申し候段、御挨拶申すべきのところ、今日は公事《くじ》吟味の者もこれ有り、御用多くにござれば、御目にかからず、よって御挨拶の振り、書き取りにしてお渡し申す」とあって、次のような、半紙竪折《たており》にして閉じめのある口状が下る。

内藤備後守家来
安井田作夫
三松百助

胤康請け取り候間、その段主人へ申し開くべく候。途中警衛滞りなく引き連れ候段、御大儀に存じ候これで引き渡しは終わった。延岡では賓師《ひんし》のような待遇を受けていた和尚も、この日から風生臭《なまぐさ》く、席冷たき牢屋の中にブチ込まれ、散々な憂《う》き目に遭《あ》わされるのである。

ほんとうに和尚の心事を思いやれば、壮烈、鬼神を泣かしむるものあり。著者のごときもまた、筆を投じて嗟歎《さたん》するもの幾回……。

和尚の持ち物

いずれも退出、門外には加藤助之丞、磯貝左十郎、加藤喜兵衛、今西忠四郎、三井茂里、そのほか足軽が待っている。それらは直ちに大坂へ下り、三松は三条の旅宿へと引き取る。

小林は一行と別れて、京都所司代へ出頭し、左の如く届書きを差し出す。取次は鵜飼新次郎で、これも滞りなく済んだ。

日向国内藤備後守領内、臼杵郡北方村曽木慈眼寺看主胤康儀、当地町

奉行所に於いて、御吟味成され候わずに付き、早々引き渡し候よう仕るべき旨、去る十二月二十九日、水野和泉守様御家来の者御出仕、御書付を以て、仰せ渡され候。これによって同人召し連れ、今日瀧川讃岐守様へ御引き渡し申し候。この段御届け申し上げ候。以上

三月十八日　　　　内藤備後守内

小林祐蔵

尚このほか、尾道の物外和尚に関する台雲寺の始末書もまた、同じ日に出した。

その後、大坂の藩邸では、和尚の所持品につき、処分方の協定を遂げ、三月二十二日、小林が町奉行所へ出頭した。そして三浦諦次郎に面会し、「この書面へ御泥《なずみ》下され候ては、内実心配も致し候間、誠の御内覧に入れ候まで」の旨を述べて手ずから渡した。すると三浦は一応目を通して、「御尤《もっと》の次第に付き、御預り申すでござろう。吟味方心得にも相成る。受取書は後より差し出すことにいたそう」とある。その書類および

雑物金銭左の通り。
一　半紙六状《じょう》
一　手拭一筋
一　薬一ツ（つばめ口入）
一　法衣一ツ（但し腰衣共）
一　袈裟《けさ》一ツ
一　練り薬一ツ（但坪入）
一　薬一ツ（但蓋物入）
一　禅衣一ツ
一　蒲団《ふとん》二枚
一　単物《ひとえもの》一ツ
一　金拾参両一歩一朱（但し封のまま）
一　百銭六枚（以上の金銭は和尚が台雲寺へ預けてあったもの）
一　書類（小河一敏 広瀬健吉文通、外十三種）

「宝作儀、心配には及ばず」

小林は再び三浦諦次郎を訪い、胤康の引き渡しが万事滞りなく済んだ挨拶として、内藤備後守の名で、例の袖の下を使った。金品は左の如し。

一　金　千　疋　　三浦諦次郎
一　金　五百疋　　杉原作十郎
一　金　五百疋　　酒　井　惣　助

他に小林一個人よりとして、延岡産蠟燭《ろうそく》五斤《ごきん》を諦次郎に贈った。そして内々問合わせをしたのは、甲斐宝作の一件である。

宝作の事績は彼の伝記『甲斐宝作事績』（次章参照）の題下に譲るが、和尚と同時に召し捕られたので、その後も入牢中である。よってその処分方を書面で伺ってみたが、

「宝作儀、それは御心配にも及ばず。居村へ御差し戻し成され、若し相尋ね候儀もこれ有り候わば、その節御達し申すべく、万一出奔等致し候わば、その段お届け成され候て宜しく候」

という回答であった。

その警固の一行帰国については、「手紙を以て貴意を得候。然れば今朝御内談御座候。今般御引き渡し相成り候、胤康に御差し添えの衆、御帰国の儀、最早や御用これ無く候間、御勝手次第、御帰国相成りしかるべく存じ奉り候。右貴所様にも御帰坂相成るべく存じ奉り候。右の段貴意を得かくの如く御座候以上」といってよこした。こうして両三日滞留を達せられていた台雲寺もまた「勝手次第たるべし」とのこと。

まだ和尚の乗り物の処分が残っている。「胤康乗り物の儀、持ち帰り候ても致し方これ無き品に付き、御奉行所にて、成され方もこれ有るべくや。同心酒井惣助へ内談致し候ところ、委細承知いたし、受け取り申すべく儀、申し聞け候に付き、そのまま御門前溜りに差し置き候」とある。

まことに好個の記念品、惜しいことであるが、当時では、甚だ気味悪く、物騒千万なもので仕方がない。

かくて渡邊平兵衛、古川桂太郎は、江戸へ帰府すべく、小林は、大坂へ帰邸すべく、その日京都を後にしたが、居残った安井、三松、佐々木、赤坂、竹村、台雲寺も二十四日に引き払った。

和尚の人相書きを抄録しよう。

一、丈《たけ》　中《ちゅう》。
一、色　青白き方《ほう》。
一、顔　平たく円き方。
一、眉毛　尻少し下がり厚き方。
一、髭　厚き方。ただし目の下より一面に之有。
一、眼　丸く尻下がり。
一、口　広き方。
一、鼻　高き方。
一、歯並　よく小さく。
一、耳　小さく常体。
一、骨　太く肉付候方。

一、言舌　高く強き方。

所司代の吟味

和尚の吟味は、町奉行限りではなかった。事件が重大であり、一つは人格が容易でないから、所司代酒井忠義の直調《じきしら》べということになり、特に『胤康吟味係』というものも出来、役人は何《いず》れも手薬煉《てぐすね》をひいて待っている。

町奉行が請け取って程ないある日、「白洲《しらす》」は所司代で開かれた。和尚を引き出してみると、成《な》るほど立派な人品《じんぴん》である。風采骨柄《ふうさいこつがら》、誰が見ても学徳の僧と思われる。しかしそれが勤王軍の急先鋒であるから、今にも熱弁火のように、長広舌《ちょうこうぜつ》を振るうであろうと期《ご》していたところ、あに図《はか》らんや、声も穏やかに、静かな調子で、言葉も少なく色和《やわ》らげての申し立てに、さらりと大体《だいたい》を尽くした。役人はあきれた。以後何を問うても、存ぜずの一点張りであった。『秘記』に次の一節がある。

偖《さて》、胤康和尚召し出されて後、所司代にて両度とやらん、御調べ有りしに、かねては、したたかなる者と聞こえたれば、さぞや色々の申し分も有りなん。その申し分に随《したが》い、速やかにお仕置きにも行われんとの見込みにて御調べありけるに、何事もいい出さず、勤王のことにつき、上京のこと、岡藩小河弥右衛門より申し来たり、尤ものことと思い、同意致し候までにして、委細のことはさらに心得申さずとばかり申して、如何にも愚憎らしく見えけるとなん。この上は、弥右衛門が召し出だされ、御調べの上、胤康をば拷問《ごうもん》にもかけられなんなどと聞こえける。

だが役人は和尚を「真の愚僧」とは見ていない。とぼけた申し立てをする奴だくらいに思って面憎《つらにく》くもあったろうが、その頃の志士という者の中には、不図《ふと》すると、叡感状《えいかんじょう》[※5]などを拝しているという噂があるので、なるべく控えめにしていた。

本来ならば、拷問が始まるので、和尚もそれを覚悟していたとみえる

［「秘記」の一節の大意］
①胤康和尚は引き渡しの後、京都所司代で取り調べられている。
②勤王派の急先鋒ゆえ、熱弁を振るうかと思われたが、何事も言わない。
③上京のことは、竹田岡藩の小河氏より誘われ、同意しただけであるという。
④所司代は、小河を呼び調べた上、和尚を拷問にかけようとしている。

※5　天子よりおほめいただいたことを示す書類。

が、そんなこともなく、且つ同志連累なども拉致しない方針であった。

小林祐蔵が、町奉行所の三浦諦次郎と内談の際も、「まず胤康当人だけの吟味に止むべく候。もっとも江戸表よりは、悉《ことごと》く吟味を遂げ候よう、御沙汰これ有り候らえども、成るだけ箇古に取り計らい申したき心得に候。あまり手を広げ候ては、甚だ心配致し候事もこれ有り云々」と答えている。

和尚密謀の書面なども、差し出すには及ばぬと言っている。「書面の儀は、当役吟味掛に付き、御指図は出来兼ね候えども、胤康申し立て候振りにより、その書面これ無くては、相成らざる儀、これ有り候わば、兎《と》も角《かく》、この度の儀は、胤康一分の吟味致し候心得に付き、役外にて、御話し申しこれ有り候えば、書面万一これ有りえども、御預かり置かれ候か。また、御焼き捨て相成り候とも、この儀は、口外出来兼ね候」と極《ご》く内々の話をしている。

奉行所は、位地から考えても、すこぶる物騒であり、勤王の志士は、すでに踵《くびす》を接するように来ていて、吟味などもたいへん危険であったので、役人も事なかれと祈っていたようにある。

絶食か毒殺か

慶応二年（一八六六、和尚四十六歳）四月十七日、夜の亥《い》の刻（午後十時）、和尚は死なれた。永い間の獄中生活で、寒さ暑さ、むさ苦しさ、そして不自由さの苦しみも一通りではないが、それよりも一死をもって国に殉ずる心から、絶食したのであると伝え、また毒殺されたとも伝える。

その頃の世の中は、たいへんに騒々しく、所司代役所や町奉行所は、今にも兵火に包まれるというほどに形勢が逼《せま》っていた。『維新物語』に次の一節を見る。

梅田源次郎に日下部《くさかべ》伊三次《いそうじ》、この二人とも獄中で病死した。しかし、実は一服盛られたという噂があった。なに、一服盛るということがわからないのか。なるほど一寸わかるまいて。こりゃ何じゃ、毒殺することじゃよ。今から考えると、まるで嘘《うそ》のようじゃが、江戸時代の牢獄ちゅうものは、まったくこの世からの地獄よ。裁判じゃって、ほんの形ばかりで、生かそうと殺そうと役人の心一つ。もっとも大岡忠相《おおおかただすけ》のような名判官《はんがん》は別じゃがの。それで今で言うと未決囚の中に、少し骨のある奴があって、白洲で何か幕府の不利益になることでも喋《しゃべ》ろうものなら、直ぐ牢役人に内命を下して、毒薬を盛って、殺してしまったもんじゃ。

梅田と日下部は、さすがに普通の囚人のように、一々御無理御尤《ごむりごもっと》もで恐れ入ってばかりはおらぬ。役人を前において、堂々と大義名分を説き、幕府の専横をなじり、朝廷の式微《しきび》[※6]を訴え、かつ外国事件については、口を極めて当路《とうろ》[※7]の失政を責めて憚《はばか》る所もなく論議するので、これには役人も閉口して、反対に役人の方が返答にこまるようなことが度々《たびたび》あった。とても始末にいかんと言うので、可哀想に、例の通り二人とも一服盛られて、あたら有為の人物を殺してしまった。実に惜しいものじゃ。

※6　その勢いがたいへん衰えること
※7　要路にあたること、その人

和尚もこの梅田や日下部と同じような事情のもとに、死なれたのではないかと思われる。即ち毒殺されたのではないかと思われる。

和尚の死なれたのを、『僧胤康傳』には「慶応二年丙寅五月十八日」とあり、『勤王義列傳』には『三年丁卯四月』とある。そして京都霊山の胤康禅師招魂碑の文には『慶応三年丁卯五月云々』とあるが、後、選文者小河弥右衛門一敏自ら訂正している。即ち小河所持の和尚の『雑記録』にこう誌《しる》してある。

胤康師、慶応二年丙寅四月也。今丁卯《ひのとう》五月と言うは、蓋《けだ》し誤り也。十七日夜、以下果たして然るか。

明治十三年九月十七日　　小 河 一 敏　誌《しる》す

この冊は富田織部が獄中に於いて、師の遺托あればとて、明治元年、富田氏より附寓《ふぐう》せられたるものなり。

故に著者は、小河の考説に拠り、慶応二年丙寅四月十七日に決定した。

右に述べた京都の霊山の招魂碑は小河と広瀬が建てたのである。裏面の文は左の通りである。

禅師、初名定康、更彭康、又更胤康、北条氏之男、有故薙髪、為日向国臼杵郡岨岐村慈眼寺看主、大志雄略、有蓋世之気象、文久二年壬戌春、謀同志之徒、致力於、王室、藩吏忌憚、囚之、訴千幕府、乙丑春、幕吏召於之京師、雖鞠問、無罪可弾、徒幽牢獄、慶応三年丁卯五月十七日、夜亥刻、病没、我等嘗師事、問経世之略、於是招其魂、鎮千玉座与手沢之書、建石以存不朽云爾、

明治二年己巳春三月

徴士　堺県知事元岡藩　小河弥右衛門藤原一敏

貢士　堺県吏員元岡藩　広瀬友之允　藤原重武

表面には『座胤康禅師招魂碑』の八字を刻す。碑は高さ三尺（約九〇センチ）の自然石で、石の玉垣を回らす。霊山は国阿山《こくあさん》という。東山三

［招魂碑の大意］
胤康和尚の名は三つ。先祖は北条氏。出家後、日向国の曽木に移る。慈眼寺の看主。大きな志《こころざし》を持ち文久二年、同志と計って勤王に力を尽くした。しかし、藩の役人につかまり、幕府に渡された。京都の牢獄につながれ、慶応二年、病没。ここに魂を招き、八字の石碑を建て後世に伝える。

明治二年

小河一敏

広瀬友之允

藤原重武

十六峰の一つで、京都御所を東南に一里十一町。七条駅より北東に三十七町。三条大橋より南東に十七町。北に将軍塚、南に音羽山あり。眼下高台寺の杜を越して、京都の市街及び八坂の塔を望む。墓地は京都府の管理である。毎年十月十四日に例祭を行っている。午前は府祭、午後は私祭で養正社の執行。

辞世の歌に就いて

和尚は「所謂《いわゆる》志士」一輩の徒ではない。霊界の大天才が、幼い時から辛辣《しんらつ》な教訓を受けているので、夙《つと》に解脱《げだつ》している。そのひとたび心を決するや、白雲を喝散《かつさん》し、衆流《しゅうる》を裁断するの意気を以て起つ。

和尚が、内藤氏を説いたのは、全くその方寸（心）から出ている。しかも事がならず禍害の身に及ぶや、些《いささ》かも動ずる所なし。

生死悠々、白雲徂徠、順逆縦横、放把《ほうは》自在、その意志は金剛不壊《こんごうふえ》である。八風の狂浪、飛騰《ひとう》に任している。和尚が獄中にあって、平気でいたのもそこである。「白洲」に出て「愚僧らしき」と言われたのも其処《そこ》で

霊山招魂碑
（大正時代）

ある。

このように和尚は、生死の関門を打ち破っている。危うきに臨んで智勇を振るい、命を投じて高節明らかに、大事あれば、虎口裡に身を横たえるを辞せず。君国に尽くしては、赤脚よく刀山を打破せんと欲す。而して同志一体、自他一如、我獄裡に死せば、彼は堂上に生きる。機は今《いま》也《なり》と手に唾《つば》して蒼龍窟に下り、驪龍頷下《りょうりゅうがんか》に珠《たま》を採る。和尚が小河や広瀬に説くところは、全くこの一大徹開的信念から来ている。

京都所司代ないし町奉行があるいは拷問をしたとしても、和尚は、じっと忍んで身を宇宙大に当てていたであろう。また、あるいは毒を盛ったとしても、是非の境を透過して、水より淡しと飲み下したであろう。

〔編集者注記〕

和尚の日記には、多くの歌が書き記してあるが、ここに二、三あげておこう。

さとらばやわしの山寺今ここに空にひとしき道としらずや

ここでいう「わし」は、お釈迦様が道をお説きになったインドの霊鷲山《りょうじゅせん》に掛けている

明日はいざ花見にゆかん野も山も霞と共に春は来にけり

この二つの歌は新しい時代を迎えようという希望が感じられる

さらに、延岡の仮屋および京都獄中にては、次の二首が詠まれている。

これが辞世の歌となった。

数ならぬ身にしあれども君が為つくす誠はたゆまじものを

京都の獄中にあっても変わらぬ忠誠の志を歌ったもの

（殉難全集収録　明治二年京都文求堂刊行）

身は捨てつ花の心はただひとりしげき色香を知る人もがな

延岡の仮屋に捕らわれている時の歌

七　勤王の同志たち

甲斐宝作事績

和尚と宝作とは、影の形に伴う如く、心身いずれかに於いて、終始離れてはいなかった。

和尚が寺小屋式の教育を始めた時、一番に来たのがこの宝作である。次に弟の亀治が来る。安藤新太郎が来る。

宝作兄弟は、和尚の気に入っている。ことに宝作は、学問こそないが、大胆にして沈勇なる性格、口数が少なく、見たところ、まったくの百姓であるが、腹のどん底には、堅固な信仰があり、武士も及ばぬ気節を有していた。

宝作は、和尚とは腹心相読み、肝胆相照《かんたんあいてら》して黙契し、［※1］暗示していた。故に和尚の前には自己没却で、まったく傾倒している。和尚のためには水火を辞せず、つねに命がけの使者に立った。

彼は和尚の意向を知り抜いている。和尚が何を考えていて、何をやり出すということも、彼相応には推量が出来ていた。和尚の命ならば小事、大事、皆善美であると思っていた。和尚のためならば、どんな災禍に罹《かか》っても厭《いと》わなかった。しかり鼎護なお甘しと進む［※2］の真諦《しんてい》を自得していた。

宝作は和尚と同日に、すなわち殆ど同時に召し捕られて、岡富（延岡市）の牢屋に入れられたが、これも和尚と同じように「白洲《しらす》」なしである。

宝作は『獄中に在ること三年三カ月に及ぶ』とあるが、新太郎と亀治は半年を出でず放免になった。

宝作召し捕りについては、元治二年（一八六四）三月二十九日、小林祐蔵より郡奉行の『聞取書』をその筋へだした。

※1　無言のうちに互いの意思が一致すること。

※2　天皇をお護りすることをなおすすめること。

御領分日向国臼杵郡北方村百姓伊之助事

宝　作　当丑《うし》　四十歳［※3］

申立聞取書

一、此者儀、同国同郡北方村慈眼寺最寄りにて、かねて出入り仕《つかまつ》り候処、文久二戌《いぬ》年二月六日、夕近くにも御座候哉、同寺より参りくれ候よう頼み越し候に付き参り候処、一人の侍、同寺看守胤康と対座罷り在り候。同僧申し開け候は、この仁は岡藩中、菊池友之允《じょう》（広瀬重武の別名）と申し候。この仁に付き添い、肥後高瀬まで参りくれ候よう、頼みこれ有り候処、この者の母儀、先年より中風相煩《わずら》い、肥後熊本にこれ有り候烏犀円《うさいえん》と申す薬、食べさせ候えば、宜敷《よろし》き由、かねて承りおり候に付き、右薬を、調《ととお》えるに幸いの儀と付き添い、罷り越し申すべき旨、挨拶《あいさつ》仕り、罷り帰り、翌七日、早朝、支度相調《ととの》え、慈眼寺に罷り越し、友之允一同、一所に出立《しゅったつ》仕り、同日、当領高千穂上野村へ泊まり、同十日、高瀬在家に着仕り候処、六十余に相見え候惣髪の人、庭に立ち回りおり参り候を見掛け、内へ入り申し候。友之允

※3　宝作の年齢は四十歳。和尚と同年代である。

〔宝作への聞取書の大意〕

①宝作は兼ねてから慈眼寺に出入りをしていた。文久二年（一八六二）二月、寺からお呼びがかかり参ったところ、岡藩の武士（広瀬）と和尚が対談していた。和尚からこの武士と肥後の高瀬まで同行を頼まれた。ついでに母の中風薬を熊本で買う用事もあり承諾した。翌日出発し高千穂の上野村に泊まり、十日に高瀬の民家（医師宅）に着いた。宝作は胤康和尚宛ての書状を預かった。広瀬は太宰府天満宮をめざして出発した。宝作は植木から熊本へ行き、「烏

儀は、足を洗い、直ちに奥に相通り候えども、この者儀は、上り口に相控えおり、承り候えば、当家主人は、医師に御座候由。奥には、三、四人もおり候哉に、話し声相聞こえ候。間もなく、友之允、胤康宛て小封の書状を持ち罷り出で、何れこれより、人差し立て申すべくと伝言致し、届けくれ候ようにと相頼み、友之允儀は、直ちに太宰府天満宮に、参詣致すべくと申し聞き、同所にて相別れ、この者の儀は、それより引き返し、同日、またぞろ植木に泊まり、同十一日、熊本に罷り越し、烏犀円《うさいえん》を相調え、同日、同領大津に泊まり、同十二日、当領川内村に泊まり、同十三日、帰着仕り、慈眼寺に罷り越し、友之允伝言申し述べ、書状相届き申し候旨、もっとも友之允、一同高瀬まで罷り越し、相別れ候まで、何分相変わり候話も承り申さず候旨。

一、同月、同僧より、菊池友之允方に、参りくれ候よう、頼みこれ有り候に付き、参り遣わすべく、挨拶仕り候えば、右同人宛て、小封の書状を相渡し候ゆえ、同月二十七日岡表、友之允方へ着仕り、胤康宛て書状三通、相渡し申し候。内一通は、友之允、二通は飯田某と

犀円」（うさいえん・薬）を買い、大津から川内村を経て帰郷した。

②同月、同僧より広瀬に会ってくれと依頼され、頼まれた小封書を、竹田岡藩に出向き届けた。帰りは三通の封書を頼まれ届けた……。

はこれ有り候えども、しかと相覚《おぼ》え申さず候。その節、友之丞（允カ）伝言の趣は、昨日帰宅仕り、未だきっと申し上げ難く候に付き、何れこれより、人差し立ての申し上げ候ゆえ、その思し召しにて、御仕度ご用意、成し置かれ下され候ようにと申し通じ候よう、頼みこれ有り候に付き、三月朔日（一日）、早朝、同所出立《しゅったつ》仕り、高千穂新町に泊まり、同二日、罷り帰り、右三通の書状、胤康へ相渡し、伝言申し述べ候旨、且つ慈眼寺にかねて出入り仕り候えども、何れも相変わり候話、承り候儀御座なく候旨。

小林の計らいもあったであろうが、宝作の申し立ては巧く出来ている。もう、久しい前から、あちこちと使いに歩いていることは、全く抜きにしている。

宝作の入牢は、文久二年（一八六二）三月で、釈放になったのは、慶応元年（一八六五）六月である。それから程なく、明治の世となったが、宝作が和尚を懐かしむことは止むことなく、雨につけ、風につけ、過ぎ去ったことが思い出された。豪胆な男であったが、さすがに涙さめざめと泣くこともあった。

その命日には、月毎、慈眼寺にて法要が営まれ、『天滝籠り』の季節にはわざわざ登り断食堂《だんじきどう》に黙想を捧げた。

このようにして、新政は日に進み月になって、宝作も地租改正委員となり、町村制の実施に際しては、第一期の北方村村会議員となり、重任《じゅうにん》することたびたび、後、同村学務委員となり、自治体に尽くすこと一方ならず。

それから所謂《いわゆる》『山林引上げ』事件［※4］の如き、明治二十年のころ、延岡地方民が憤慨し、嗟歎《さたん》した大問題であるが、宝作は小林乾一郎《けんいちろう》［※5］等に従い、命を賭して事に当たり、斡旋《あっせん》に奔走《ほんそう》し、遂に東西臼杵両郡の紛議を調和し、ここに反対党の一大結束が成り立った訳である。

和尚は英雄である。そして宝作はこの英雄を活動させるため、身を捧《ささ》げたのである。すなわち宝作もまた、世に隠れた無名の英雄である。

明治三十二年十月十七日、病気で没した。享年七十四歳。荒谷にある

※4　明治十七～十八年の民有林の国有林化の動きに際して、小林乾一郎らが先頭に立って激しく抵抗。上京して国側を説得し、民有林の確保をはかった一連の動きをいう。

※5　明治の宮崎県政界の実力者。県会議長、衆議院議員。「山林引上げ」事件で、県北民有林を守った功労者。大正八年「亀康遺跡保存会」が結成されると、その会長となった。

先塋《せんえい》［※6］の傍らに葬られている。

小河弥右衛門

小河弥右衛門一敏は英傑の士である。少年時代に岡藩儒臣野溝清格《のみぞきよのり》に学び、また、角田九華《つのだきゅうか》の門に入り、朱子学を修め、後、陽明学を講じ、傍《かたわ》ら仏典や神道を研究し、中年になって易経と兵学に心を潜《ひそ》めた。詩を作り、歌も巧《うま》いが、武芸は特に長ずる所で、弓馬槍剣皆印可を受けた。

まことに豪胆で、能《よ》く人を入れる宏量《こうりょう》の人であった。文化十年（一八一三）正月二十一日の出生であるから、和尚より八歳長じているが、その材を知り、能を見るや、全く自己を没却し、満腔《まんこう》の情熱を傾倒し、終《つい》には甘んじて門下となったくらいである。

小河の義挙の経路は、他の項に散見しているから、ここには複《かさ》ねて記さぬが、明治の世となって後、参与職内国事務局判事、大阪府判事、堺県令を歴任、治績《ちせき》の著大なるものあり。十一年職を辞するや朝廷、積年

※6　祖先の墓地

勤王の志《こころざし》篤《あつ》く、且つ奉職中の勤勉を賞し、従六位に進められ、金五〇〇円を賜《たまわ》った。

小河の住居は、豊後国直入郡竹田の小字上角《うえつの》という所であった。曾孫にあたる予備陸軍歩兵大尉従六位勲四等小河京吾は、今（大正九年三月時点）竹田町に住んでいる。

和尚が召し捕られて、やがて京都へ引き渡されたことに付き、岡藩一部の反対党は、それを言いぐさに、小河と広瀬を幽閉した。その始末を次に記そう。

日州延岡領慈眼寺の院代胤康という僧は、知略英傑、非凡の人なれば、一敏も、年ごろ、心をゆだね居りけるに、この春、広瀬を遣わし、西国の形勢を告げ、尚その後は、我々打つ立ちたる後に、岡より二番手に出る有志列の若輩を引率して、上方に打ちのぼられ度《た》き由《よし》、頼み遣《つか》わしけるに、それより先、何と思われけん。また、如何せられけん。その詳しき事はしらねども、推し量《はか》り思うに、彼方にて、有志の者を募られけん。そのこと延岡の官に聞こえて、幽錮《ゆうこ》されたとぞ。この由、この地にも聞こえ、かねがねこの僧とは、土佐、弥右衛門、健吉入魂《じっこん》なれば、密《ひそ》かに姦謀《かんぼう》をめぐらしたらんとの深き疑いありて、武藤章《しょう》蔵、度々《たびたび》彼の地へ問合せとして行きけるとぞ。されど、是《これ》という証すべき事あるべからず。それでも尚、その疑いは解けなかった。（私記）

ところが和尚が獄中死去の報に接しては、岡藩でも言いぐさがなくなったので、何とか形を付けねばならぬ。

兼ねては胤康引合云々の為という辞令なりしに、事実はさにあらず。禁錮を許さば、また如何程の陰謀を企て、御国難を引き出さんかとの気遣いと、戌年《いぬどし》ごろの罪の余波をもって、なおも苦しませんとの二つであるが、胤康牢死の上は、托し言うべきことは無く、御免にならずしては、御政体正しからざる故、是非に御赦免の方に尽力《じんりょく》せんと、左近殿、隼太殿の口気ながら、理のままに行なわれず、（同前）

話がようやく進んで「自宅謹慎」になりそうになった。同書に、

自宅にて囲い、締りこしらえても、その鑰《かぎ》を親類方に預かり置くこと叶い候えば、長きうちには有名無実とならんも計り難し。されば締りは上にして、屋敷の片隅に一室をしつらえ、そこに屏居《へいきょ》せしめ、親類の外に面会させず。親類とても、有志の聞こえある人には、面会せぬようにしてよかりなん。然る処にては、六郎左衛門、傅次郎にも同存にてなお当人もその儀を有難く、畏《かしこ》み奉《たてまつ》るにあらざれば、親類も安心なりがたしとの旨にて、その由九月朔日（一日）出仕にて、先ず親類の場を以て蔵人殿へ申し談ぜしに、その通りにてよかりなんとの旨に任せて、三士より御用番へも、その旨申し達せしとぞ。(同前)

とある。その年の九月十七日、城内の獄《ごく》を出たのである。

広瀬友之丞

広瀬友之允《とものじょう》（丞）重武は、軍神と崇《あが》められる広瀬中佐の父である。天保七年（一八三六）九月二十一日、豊後国竹田の茶屋の辻に生まれる。和尚が鬼ケ城に居たころ、重武は年は十三歳であった。そんな少年時代から、和尚に師事していた。その後、成長して、たびたび曽木に来た。そのことも大方本書の中に散見している。

重武も、明治の世になって重用された。堺県の吏（職員）となって、先輩小河を補佐したのである。

重武の長子を勝比古といい、当年の大島艦長、海軍少将従四位勲五等功五級で、今（大正九年三月時点）、伊豆国《いずのくに》（静岡県）熱海野中（熱海市）に住んでいる。次男がすなわち武夫で、三男が潔夫《きよお》、長女は豊子という。

『重武傳』に「広瀬家は世々武衛流《ぶえいりゅう》と称する砲術の妙技を極め、広瀬中佐の兄上なる勝比古氏の如きも、海軍兵学校在学中、砲術実習にあたり、しばしば良成績を収めたが、彼《か》の日清戦争の際には、浪速《なにわ》砲術長として豊島沖において、敵艦を撃沈したことは、我も人も歎美するところである」と記している。

同書に「重武翁はただの武骨一偏の人ではない。その燃ゆるが如き熱情、発して邦国を忍ぶの涙となり、血となり、凝《こ》っては詩とも歌ともなる。胆は海に似て小心翼々の漢詩を誦するごとに、翁の気宇の壮濶なるとともに、細心周緻の識見に一驚を喫するのである。広瀬中佐の雄々しく猛々しい中に、また無量の愛情のこもり、微言些事に至るまで、善く気の付かれるのは、詮ずるにこの領域から移されたことだろう」とある。

この父にしてこの子ありと言ってよい。

和尚が召し捕られ、やがて京都へ引き渡されたことにつき、重武もまた小河と同じ運命であった。

元治二年（一八六二）二月三日、親類預けにて、城中に禁獄申し付けらる。但し日州岨岐（曽木）村慈眼寺看守胤康には先年来、勤王のことにて尽力の儀申し談じおきしに、文久二年の春、列藩有志一同、胤康も出京のつもりにて、同志を募りしより、延岡藩の嫌疑を受け、捕縛に就いて、慶応元年（一八六五）の春に至り、京都町奉行所へ遣わされとなり、その引合にて、延岡藩より岡藩に告げ来るに付き、禁獄せらる。胤康儀、慶応三年の夏、京都に於いて牢死に付き、その秋九月より自宅に於いて謹慎す。然《しか》るに、幕府大政返上に付き、明治元年（一八六八）正月十一日、謹慎差しゆるされ、上京申し付けられ、二月十三日着京す。（広瀬友之允《とものじょう》（丞）重武傳）

墓碑を建つ

明治二十四年（一八九一）九月、朝廷は和尚の誠忠を録し、靖国神社に合祀された。同三十年、小林乾一郎《けんいちろう》の主唱で、和尚の建立碑を慈眼寺畔に建てた。当時北方村長であった久保田源吉をはじめ、那須栄右衛門、甲斐宝作、甲斐福四郎、久峨喚嶺《くがかんれい》等の世話で、五百余円の浄財を集めた。

その趣意書及び碑文は左の通りである。

故胤康墓碑建立の趣意書

故胤康は東臼杵郡北方村慈眼寺の僧なり。文政四年（一八二一）、武州豊島郡赤塚村に生まる。幼《おさな》にして僧となり、天休和尚に従い、日向国延岡台雲寺に来りて後、慈眼寺に居る。天資豪邁《ごうまい》、夙《つと》に大志あり。皇室の式微《しきび》を歎《たん》じ、文久、元治、慶応の間、同志と謀《はか》り、義兵を挙げ、王政の古《いにしえ》に復せんとす。事が発覚し、捕らわれて獄中に死し、忠義の鬼《き》となる。後、靖国神社に合祀の栄ありといえども、志を達せずして、地下に入る。その心事如何《しんじいかん》ぞや。談《だん》これに至るごとに、余輩《よはい》涙なき能《あた》わず。今や星霜すでに三十有余年。漸《ようや》く事績の湮滅《いんめつ》を恐る。依《よ》って慈眼寺内に一大碑を建立し、長くその芳名を後年に伝え、以《も》って地下の霊を慰めんとす。大方の諸士、この挙を賛成せられ、多少に限らず寄付金あらんことを希《こいねが》うと云爾《しかいう》。

［墓碑建立趣意書の概要］

○胤康和尚は、出生地は武蔵野で幼くして僧となる。天休和尚とともに日向に下向。性格は天資豪邁、皇室の衰微を嘆く。幕末三回義兵を挙げ王政復古を企図。

○こと発覚し捕らわれて獄死し忠義の鬼となる。後、靖国神社に合祀され、志を達せずして地下へ。星霜三十年事績の湮滅をおそる。慈眼寺内に一大碑建立する。

胤康墓碑銘

胤康。初名定康。後称彭康。又更今名。武蔵国豊島郡赤塚村篠崎郷右衛門之長子也。或曰《いわく》 其父曰北条金兵衛。蓋伊豆北条氏之裔也。而世為赤塚村豪族。故名胤康字。家章用三鱗。赤塚村松月院住職曰大隣天休。肥後川尻大慈寺某和尚之高弟也常怪胤康有異。置座側試之。胤康甫八歳。其父欲定為嗣。胤康不可曰。願入松月寺為僧。天休奇之。請為徒弟。時文政十一年也。天保五年。天休為日向国延岡曽木慈眼寺住職。胤康従之。益修仏法。且講儒書。胤康夙有勤王之志。雲遊四方。偏探諸藩事情。嘉永元年。寓豊後竹田。下帷講書。中川式部。小河一敏。広瀬健吉等皆入其門。養成勤王之志。嘉永三年。胤康飄然負観音像。歴遊東海東山北陸諸道。探偵諸藩事情。五年秋。帰慈眼寺。曽木村有豪農。曰甲斐宝作。

為人沈重有胆気。胤康毎用之。通密事於四方。六年。米使来浦賀。胤康憤然曰事機至矣。作詩贈中川土佐。有鳳兮鳳兮非麟無之句。土佐招胤康。胤康往竹田。既而帰曽木。築小庵於幽谷。日閲江戸城図及諸

［胤康墓碑銘の概要］

○三つの名称と出生地・父のこと。先祖は伊豆北条氏。八歳で松月院の僧として願い入る。胤康を名乗る。松月院住職天休和尚とともに、武蔵野から肥後大慈寺に移る。天保五年、天休和尚延岡曽木慈眼寺の住職。胤康これに従い益々仏法を修む。且つ儒書も同様。

○胤康夙に勤王の志あり、四方に遊んで諸藩の事情を探る。嘉永元年豊後竹田に伝道し中川式部・小河一敏・広瀬健吉ら、皆入門して勤王の志を伝える。胤康和尚との深い同志として養成。

○嘉永三年、胤康飄然と観音を背負い東海・東山・北陸諸道を遊歴。諸藩事情を探り、五年の秋、慈眼寺に帰る。

藩地図。錬軍略。胤康有竹田。戒諸士曰。勤王討幕則大挙也。非草莽微力者之所及。宣与各藩謀大連衡。各藩宣先結薩長。為嚮導於是。中川小河等入薩及長。又通気脈於各藩。文久元年。大納言中山忠愛使家臣田中河内介。面一敏。托勤王之事。一敏報之胤康。胤康感泣奮激。時薩郷士是枝柳右衛門又来。報和泉公以此秋上京。藩士将乗此機挙義。一敏報之胤康。胤康喜直往竹田。

既而聞和泉公上京。猶予頗疑之。二年二月。健吉訪胤康於曽木胤康欲探薩情。使健吉与宝作往肥後問松村大成。同家客有平野次郎。健吉与談密事。而未得薩情也。健吉乃往久留米。遇大鳥井慶太真木和泉。宝作則帰曽木。延岡藩士戸高桂助松崎進士訪胤康。胤康謂曰。方今徳川氏。獲罪於朝廷。天皇震怒。志士奮激。薩長二藩主応之。若岡藩既賛其大事。而独延岡藩一人不応之。是被天下之兵也。罵詈過激。有司怒幽胤康于獄中。四年檻致于京都奉行所。慶応二年五月十八日。胤康死于獄中。或云鴆殺。明治二十四年九月。合祀于靖国神社。嗚呼栄哉。今茲同志者慕胤康之義烈。欲建碑以図不朽。請文于余。余賛其与拠伝

○曽木村に豪農有り。それは甲斐宝作で珍重・胆のある人。胤康度々これを用いる。密事を通り四方において六年、米使浦賀にきたる。

○胤康憤然、機至り事曰く詩を作り、中川土佐に送る。土佐胤康を招く。概く。胤康竹田に往く。概して曽木に帰って、幽谷に於いて小庵を築く。江戸城図及び諸藩地図を閲し軍略を練る。胤康竹田にあって諸士を戒めて曰く、勤王倒幕則大挙なりと。草莽微力者の及ぶ所にあらず。各藩謀大連衡。各藩先結薩長宣ぶ。中川・小河等入薩及び長州など各藩に於いて気脈を通ず。

○文久元年大納言中山忠愛使家臣田中河内介、面一敏、勤王の事を托す。

叙之係銘。銘曰。

列身仏藉　竭力王室　慷慨激論
志士輩出　惜哉冤死　如風前燈
半途闕功　無常寓形　光栄合祀
表彰義烈　天恩優渥　枯骨不滅

明治三十年十一月

貴族院議員従三位勲三等　秋月種樹撰　四屋 俊書

これより先、明治二十四、五年の頃から、久保田北方村村長は「僧胤康伝」を著《あらわ》すべく、すこぶる苦心した。豊後国竹田へも赴き、また上京して、赤塚村へも往《い》った。『僧胤康伝』は同二十六年十月五日の出版である。二十四字詰十二行二十五ページの一小冊であるが、それでも大体を知ることが出来る。著者のごときは、負う所が多い。発行者は延岡町谷仲吉、印刷人は恒富村四倉平太郎、印刷所は延岡町大字中町延岡活版所である。

一敏之を胤康に報せる。胤康感涙憤激。時に薩の是枝柳右呉右近衛門また来る、和泉公の報せを以てこの秋上京、藩士将この機に乗って義を挙げる。　○一敏之を胤康に知らす、胤康喜び直ちに竹田に行く、概して和泉公の上京を聞く、尚之を疑う、文久二年二月健吉胤康を訪れ、曽木に於いて薩摩の状況を探ることを欲す。　○健吉の使い宝作に与え、肥後に往かせ松村大成に問う。同家の客平野次郎があり。健吉と密談の事。而して薩摩の情報得ざるなり。健吉の久留米行き大鳥井慶太・真木和泉に遇う、宝作すぐに曽木に帰る。　○延岡藩士戸高桂介松崎進士胤康を訪ねる。胤康曰く、方今徳川氏は朝

その三十年の再版に加藤狷庵《けんあん》の序文を添えている。次にその一節を紹介する。

僧胤康は我が郷（延岡）からわずかに三里ばかりで、清流閑谷の里、曽木と称する地の禅寺に住す。義胆鉄心。倜儻《てきとう》［※7］にして大志あり。身は円頂緇衣《えんちょうしい》を以てして、夙《つと》に勤王の大義を唱え、遍《あまね》く天下を周遊して、志士と交わりを結び、機熟し、将《まさ》に発せんとし、延岡藩のために捕らわれて、遂に囹圄《れいご》の裡《うち》に恨死《こんし》す。嗚呼《ああ》天下の為に惜しむべきなり。

同三十五年十一月八日、従四位を贈られる。聖恩、優渥《ゆうあく》、和尚は地下に感泣している。

故慈眼寺胤康
贈従四位
明治三十五年十一月八日

廷に於いて罪を獲ている。天皇震怒。志士憤激。薩長二藩主これに応ず。若し岡藩が既にその大事に賛成し、延岡藩が一人これに応ぜずば、これ天下の兵ではない。過激な罵言なり。

○有志、胤康の干獄中を怒る。慶応二年五月十八日胤康干獄中死す。或いは毒殺という。

○明治十四年九月靖国神社に合祀、今茲同志の者胤康を慕う義烈、建碑を以て不朽を図らんと欲す、請文に余る。

（以下、漢詩文略）

明治三十年十一月
貴族院議員
秋月種樹撰

※7　才気が衆人よりかけ離れてすぐれていること。

宮内大臣従二位勲一等子爵　田中光顕奉

故慈眼寺胤康

特旨を以て位記を贈らる

明治三十五年十一月八日

宮内省

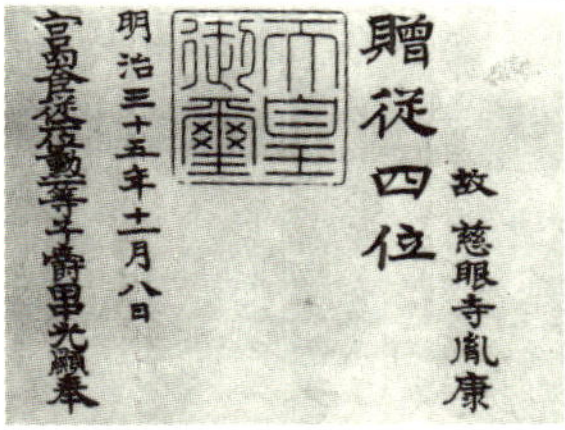

叙位記（明治35年11月８日）

八　胤康和尚の遺墨及び遺物

一　和字功過自知録

『和字功過《こうか》自知録』は和尚が曽木の亀治に与えたもので、西の内紙の四折十六枚に、筆の跡鮮《うるわ》しく、巻末には、『時に文久元年酉七月□日、書与亀《しるしてかめにあたう》。偉勇《いゆう》胤康』と記してある。

『和字功過自知録』は、明の蓮池大師の書を訳したもので、幕末、坊間に流布していたが、この写本は、和尚が意見を加えたり、当時存生であった曽木の人を引合に出したりしている。

二　日くり過去帳

慈眼寺に『日くり過去帳』が一冊ある。代々の住持の命日を、月日で分類したもの、巻末に次のように記してある。

宝永四丁亥十一月二十二日、当院開山雄峰大和尚。
天保十四　癸《みずのと》卯《う》年小春日相改、舞野山什倶。
現住賢峰代、定康書写《じょうこうしょしゃ》

三　大般若理趣分《りしゅぶん》

理趣分とは、大般若経六百巻の内で、理趣の部分とでもいうべきものである。和尚は之を手写した。そこで曽木にいる間を通じ、引き続いて読み返し読み復《かえ》して、一千回に達した。

その読誦《どくじゅ》［※1］もただ読誦するだけでなく、体察色読したので、猛烈な修行の一つである。

甲斐宝作が貰って、今（大正九年時点）その家に伝わっている。長《たけ》六寸八分、幅二寸四分、厚一寸四分の折本で、表紙に『大般若経理趣分』とあり、見返しに一部の印に零《まる》一つ付けていたと覚《おぼ》しく、それが丁度一千点に成っている。こうして『嘉永四年正月十二日までに一千部誦《じゅ》し畢《おわん》

※1　経文を声を出して読むこと。

矣《ぬ》』と記している。

他に『金剛般若波羅蜜陀経《こんごうはんにゃはらみつだきょう》』の一冊も同じ家の所蔵で、長三寸七分、幅六分の小折本、また和尚の自筆である。

四　手本と和歌

慈眼寺にある習字の手本は、ばらばらになって、纏《まとま》っていないが、奉書紙に書いたのが十余枚ある。

南方村大字細見の安藤新太郎のもらった和歌は和尚の自筆であるが、今（大正九年時点）安藤の養嗣子島吉の所蔵である。

五　面と木刀

曽木の甲斐健太郎所蔵に面と木刀がある。皆和尚の手細工である。面は綿を二寸厚に縫い込んである。和尚は素面《すめん》で打ち合うのであるが、これは天休用のもので坊主頭が痛くないようにとの趣向である。これにも孝心が籠《こも》っている。木刀は前に記してある。

六　碓咲生華《からうすわろうてはなをしょうず》

延岡町某所蔵の石印一顆《いっか》は和尚愛用の一品であるが、篆《てん》、刻《こく》ともに何《なに》人《びと》の作とも知れない。その文には『碓咲生華《からうすわろうてはなをしょうず》』というのである。禅宗の公案を見るような面白い俳句である。摸刻は左の如し。（＊本書では省略）

七　『文選《もんぜん》』中の一編『恨賦《こんふ》』

曽木の甲斐松月所蔵の半切六枚は三寸大の字であるが、『文選』中、江淹《こうあん》の『恨賦《こんふ》』の全編である。左に訳読を掲げよう。

試みに平原を望めば、蔓草《まんそう》骨《ほね》をまとい、拱木《きょうぼく》魂《こん》をおさむ。人生ここに至らば天道《てんどう》寧《むし》ろ論《ろん》ぜむ。ここに於いて僕は、本恨人《もとこんじん》なり。心驚きて已《や》まず。直ちに古者《こしゃ》恨《うら》みに伏《ふく》して死するを念《おも》う。秦帝《しんてい》の如《ごと》きに至りては、剱《けん》を按《あん》ずれば諸侯西に馳《は》せ、天下を削平《さくへい》し、文を同じくし規《き》を共にし、崋山《かざん》を城となし紫淵《しえん》を池となし、雄図《ゆうと》すでに溢《あふ》れ、武力未だ終えず。まさに黿鼉《げんき》を架《か》して梁《うつばり》となし、海右《かいう》を巡りて日を送る。一旦魂《いったんこん》断《た》え、宮車晩《きゅうしゃくれ》に出づ。若し乃《すなわ》ち趙王《ちょうおう》はすでに虜《とりこ》となりて房陵《ぼうりょう》に遷《うつ》され、薄暮《はくぼ》心動き昧旦神《まいたんしん》興る。艶姫《えんき》と美女とに分かれ、金輿《きんよ》と玉乗《ぎょくじょう》を喪《うしな》う。酒を置いて飲まんと欲すれば、悲しみ来りて胸に塡《み》ち、千秋万歳怨みを為して勝《た》え難し。李君の如きに至りては北に下りて、名《な》辱《はずかし》められ、身つみせらる。剣《けん》を抜いて柱を撃《う》ち、影を弔《とむら》い魂に恥ず。情は上郡に往き心は雁門に留まる。絹を裂き書をかけ、漢の恩を返すを誓うも、朝露たちまち至りて、手を握りて何をか言わむ。もしそれ明姫《めいひ》去る時天を仰いで大息《たいそく》す。紫台稍《しだいやや》遠《とお》く関山極《かんざんきわ》まりなし。揺風忽ち起こり、白日西に隠れ、隴雁《ろうがん》飛ぶこと少なく岱雲《たいうん》色を寡《すくの》うす。君王を望みて何をか期せむ。終に異域に蕪絶《ぶぜつ》す。乃ち敬通のあてられ、田里に罷《や》め帰るに至りては、関を閉ざして郤掃《きゃくそう》し門を塞ぎて仕えず。左は儒人に対し右は稚子《ちし》を顧みる。公卿《こうけい》を脱略し、文史に跌宕《てっとう》す。志を齎《もたら》して地に没し、長く懐《おも》うて已むことなし。夫《か》の中散の獄に下り、神気激揚

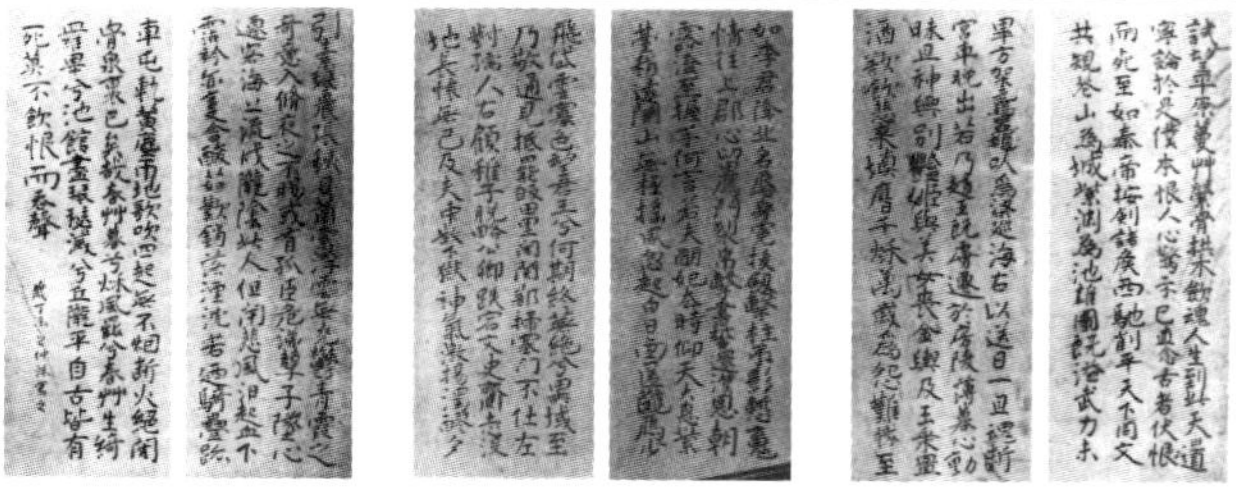

和尚遺墨「文選」中の一編

するに及びては、濁醪《だくろう》夕べに引き素琴《そきん》朝《あした》に張るも、秋日粛策《しょうさく》として浮雲光なく、青霞《せいか》の奇意を鬱《うつ》し、倏夜《しゅうや》の不暘に入る。或いは孤臣危涕《きてい》し、孼子《げっし》墜心し、海上に遷客となりて、隴陰《ろういん》に流戍《りゅうじゅつ》するあり。この人但し悲風を聞きて涙起こり血下りて、襟を霑《うるお》さん。またまた酸を含み、歎きをくらい、銷落湮沈《しょうらくいんちん》す。若し即ち騎《うま》は跡をかさね、車は軌をつらね、黄塵地をめぐり、歌吹《かすい》四《よも》に起こるも、煙断《けむりた》え火絶えなば、骨を泉裡《せんり》に閉じざるなし。已《やん》ぬる哉《かな》や春草《しゅんそう》暮れて秋風驚き、秋風やみて春草生ず。綺羅《きら》畢《おわ》って、池館《ちかん》尽き、琴瑟《きんひつ》滅《た》えて丘隴《きゅうろう》平かなり。古より皆死有り、恨みを飲みて声を呑まざること莫《な》からむ。

＊岡　鹿　門　遺　文＊

『蔵名山房文』という書物がある。内容は岡鹿門の遺文を集めたもの。この初集に『僧胤康伝』と題する一編が収載されている。若山甲蔵氏（本書の原著者）の先輩（東京住）に勧められ、大正の初版本に収録された。今回は重複する個所もあるので割愛した。（徳永）

九　胤康遺蹟保存会

大正八年八月、胤康遺蹟保存会は、北方村大字曽木で発起された。趣意書の内容と主な役員は以下のとおり。

（趣意書）

『王政復古、明治維新は、本邦曠古《こうこ》の偉業なり。さきに日清・日露の両戦役を経て、近くは世界の大戦乱（第一次世界大戦）に参加して、国威は八紘に光被するに到るもの、一に渾然《こんぜん》国家を統一したる新政のたまものに外ならず。このことは、復古維新の事業たる、内外時勢の潮流に順応したる結果なるべきも、しかもその推移中には、忠肝義胆、家を忘れ、身を忘れて、国事に奔走したる勤王志士の血涙あるを記憶せざるべからず。云々。吾儕《ごせい》歳月の推移と共に、胤康の事跡の湮滅《いんめつ》せんことを畏れ、同志相諮《はか》りて、これが保存の任に当たり、以て士風振興の一端たらしめんと欲す。云々。』

（主な役員）

（会長）　小林乾一郎
（副会長）甲斐　直記
（顧問）　三宅　正意　（同）　笠原鷲太郎
（同）　大山　綱治　（同）　後藤　常吉
（同）　長田　観禅　（同）　馬目　辨治
（同）　杉本　四郎
（特別評議員）　二十八名（名前省略）
（評議員）　十四名（名前省略）
（会計）　柳田　一平
（書記）　甲斐　道重　甲斐　郷助　甲斐　英雄

（胤康遺蹟保存会規則）……主な条項

○事務所は慈眼寺内に置く（二条）
○事績の顕彰と永久保存、忠君愛国思想の鼓吹（三条）

○遺物の蒐集、遺蹟の修築、道路の改築、墓石建造、境内土地買入れ、伝記の編纂刊行、毎年五月十八日に法要執行など（四条）

○会員条件－金一円以上の寄付者、又は本会のために尽力した人（五条）

○本会の基本金の預託は、北方報徳社または郵便局、確実な銀行とする（十条）

原著者の後記（巻末記より）

大正元年二月、余（若山甲蔵）、西臼杵郡高千穂よりの帰途、東臼杵郡北方村大字曽木に一泊するや、同地の甲斐直記氏来たり訪《と》いて、余に委《ゆだ》ねるに胤康和尚詳伝の編述を以てす。余もまたその志ありて、故久保田源吉氏[※1]の偉業を完成すべく、すでに手を著《つ》けたる折なれば、快然として之を諾し、互いにその共鳴を歓びたり。

同年十月、わざわざ曽木に赴きぬ。そして慈眼寺に詣り、天瀧に登り、曽木原を観《み》、北方村にいる故老について、和尚に関する異聞逸話を聞書きし、遺墨と遺物とを捜《さぐ》り索《もと》め、ここに些《いささ》か和尚の眉目《びもく》を髣髴《ほうふつ》するに至りぬ。

大正四年五月、東臼杵郡延岡に往き、同地及び南方村に於いてもまた、疑いを古老に質《ただ》し、且つ就縛《しゅうばく》前後の事情並びに東海《とうみ》港出船の模様な

※1　北方村村長。胤康和尚顕彰に力を尽くし、『僧胤康伝』を明治二十六年出版（本書一六七ページ）

ど、やや詳しく知ることを得たり。そして内藤家の秘録借覧のため、約二週間、同邸修史の一室に通いたるが、その秘録は約二百枚ありて、表紙に『文久二戌年、延岡慈眼寺看司胤康召し捕り一條書付控』と記される。内容は和尚召し捕りに関する一切の書類にして、内藤家が従来あまり他見を許されなかった物なりという。これによって京都町奉行への引き渡し、京都所司代の吟味、岡藩志士との気脈、その他、当時における公武間の錯綜する事情などを、会得したり。

帰来、腹稿略《ほぼ》成りしも、尚沈潜攻究。年と共に漸《ようや》く和尚に熟するを覚えたるが大正八年十月、胤康遺蹟保存会の曽木に起こるや、和尚伝の編述と上梓《じょうし》とを以て、その会の主なる事業の一つとなしたり。こうして甲斐直記氏は、同会副会長の資格を以て、余の和尚伝を同会に提供せんことを請わる。余にとって異議あることではない。かくて氏と余との個人的縮約は、ここに胤康遺蹟保存会と、余との関係となりぬ。

爾来《じらい》日夜筆を執りて、稿を更《あらた》むること三回、なお安からず思う点多く、小林天外翁[※2]の一閲を請いぬ。翁は胤康遺蹟保存会会長にして、且つ和尚

※2　小林乾一郎のこと（一六六ページ参照）

を知悉《ちしつ》せる随一の人なるが、余の乱雑なる草稿を再読し、百カ所に近い付箋を以て、細緻なる指導を与えられたるは、まことに余の至幸とするところなり。そして甲斐氏もまた、ある部分に付きて、且つ補正し且つ助言せられ、啓発するところ少なからず。かくて大正九年紀元節の佳辰《かしん》、全く稿を脱し、「勤王史譚胤康和尚」と題したり。

右は本書編述の由来と胤康遺蹟保存会の関係との一班なり。素《もと》よりこれは余一個の研究であるから、余に於いて著作全部の責めに任ずるは言うまでもない。その考証的記載を要するものも多いが、これを本文に加えることは、読者の煩累《はんるい》あるべしと思って省いた。それは他の機関において、自由に解説し、論述するを得《う》べければ也。

而して維新小史の一篇を入れ置きたるも、背景の多きに過ぎるを思い、これも紙数の増加に顧み、これもまた、割愛するに至りぬ。

太慈寺、松月院の調査は甲斐直記氏及び余の親戚小川胖《ゆたか》氏に負う所多く、霊山の招魂碑撮影は油津正行寺に托し、竹田の地理について、本県耕地整理課内三浦三平氏を煩わした点あり。表紙及び和尚の肖像は、窓草菊池道生氏の苦心に成りたり。かくてその肖像は、保存会所蔵のものを参考にし、内藤家秘録中の『人相書』を斟酌《しんしゃく》したりといえり。

引用書は本文中、略名を用い、胤康召し捕り一条書付控を、「召捕一條」、王政復古義挙録を「義挙録」、軍神広瀬中佐詳伝を「重武傳」、義挙私記を「私記」、再囚秘記を「秘記」として示した。

内藤家が秘録の借覧を許されたのは、余をして確信を以てこの書を公にして、小林翁の指導は、本書の信用を増すこと多大である。以上録存して敬意を表する。

大正九年三月十日

著者

追録

胤康遺蹟保存会では、和尚と甲斐宝作の碑を建てることになり、已《すで》に工事に着手している。場所は慈眼寺畔で、その地域も今回購入し、やや広くなり、幅四間、長六間を石垣で囲み、その中へ明治三十年に出来た現在の墓碑を移し、その次へ、和尚のを、その次に宝作のを建てる。
和尚のは長さ七尺、幅三尺四寸の自然石で、「贈従四位胤康碑　正三位子爵内藤政挙書」と刻し、宝作のは長さ三尺二寸、幅二尺一寸の灰色で、小林翁の選文を刻す。而して文中に甲斐亀治、安藤新太郎の閲歴の一班が記される。

『勤王史譚 胤康和尚』
大正九年三月十五日　印刷
大正九年三月二十日　発行
発　行　胤康遺蹟保存会
宮崎県東臼杵郡北方村大字曽木
著作者　若　山　甲　蔵
宮崎県宮崎町橘通二丁目
印　刷　矢　野　喜　市
宮崎県宮崎町橘通二丁目

付録

『胤康和尚』の生涯と関連年譜

年（和暦）	年齢	胤康和尚の動きと関連事項
1821（文政4）	1	武蔵野豊島郡赤塚村の郷士篠崎郷右衛門の長男として生まれる。
1824（文政7）	4	父死去、母の実家に移る。
1825（文政8）		異国船打払令出る
1828（文政11）	8	赤塚村松月院大隣天休の弟子となる。
1832（天保3）頃	12	大隣とともに肥後国飽田郡川尻大慈寺に入る。
1833（天保4）	13	大隣、北方村曽木善財院住職となる。胤康これに従う。
1835（天保6）	15	大隣、同所慈眼寺住職となり、胤康これに従う。
1837（天保8）	17	春、肥後熊本、肥前長崎に遊ぶ。 大塩平八郎の乱おこる。モリソン号打払事件
1839（天保10）		蛮社の獄（渡辺崋山、高野長英処罰）
1840（天保11）		アヘン戦争
1842（天保13）		天保の改革
1848（嘉永1）	28	岡藩竹田鬼ヶ城に仮住まいし、岡藩士に尊皇を説く。
1850（嘉永3）	30	東海、東山、北陸を遊歴。
1852（嘉永5）	32	慈眼寺に帰る。
1853（嘉永6）	33	招かれて岡藩へ行く。

		ペリー艦隊、浦賀に来航
1854（嘉永7）	34	6月14日、日記『歳中記鑑』を書き始める。 9月、岡藩に行き、藩士小河一敏宅に入る。 10月、家老中川平右衛門、嫡子中川式部と知り合う。 ペリー艦隊再航、和親条約調印
1855（安政2）	35	4月1日、岡藩士広瀬重武が曽木に来る。 5月12日、小河の使者来る。 8月15日、曽木出発。鶴町で、広瀬と会う。 10月20日、岡藩の三士の便り届く。
1858（安政5）	38	1月1日、日記『遁甲真機』を書き始める。 井伊直弼大老に就任。通商条約に調印。安政の大獄始まる
1859（安政6）	39	8月18日、師大隣和尚のため宝篋印塔の造立を始める。
1860（万延1）	40	3月、桜田門外の変（井伊直弼暗殺される） 6月29日、大隣の隠居と胤康の看司願書が寺社奉行所へ提出される。
1861（文久1）	41	4月16日、小河・広瀬の書状届く。 4月26日、小河・広瀬の使者来る。 5月7日、慈眼寺を発ち、広瀬の宅に入って小河と会う。 10月23日、延岡藩上層部へ勤皇を訴えるため藩士松崎進士と語る。 土佐勤王党の結成。九州の勤王の動き連携すすむ

1862（文久2）

42

2月5日、広瀬潜行して曽木に来る。広瀬・甲斐宝作ともに肥後へ向かう。

2月19日、延岡より密偵来る。

3月1日、小河・広瀬の書状到来。

3月11日、払暁、逮捕される。甲斐宝作・亀治兄弟及び安藤新太郎も同時に逮捕される。

6月8日、芸州尾道西方寺の物外和尚、延岡に来て、胤康を貰い受けたいという。

島津久光上京。寺田屋事件
島津久光東下。生麦事件

1863（文久3）

43

池田屋騒動。蛤御門の変
長州藩、外国船を砲撃。薩英戦争おこる。

1864（元治1）

44

12月29日、延岡藩、老中水野和泉守より呼び出しをうける。

1865（元治2）

45

1月6日、幕府、胤康を京都町奉行へ引き渡すよう命ずる。

2月1日、東海港をでる。

3月2日、大坂港へ着く。京都へ護送される。

3月18日、京都町奉行へ引き渡される。

1866（慶応2）

46

4月17日、胤康獄死。

薩長連合なる。

1867（慶応3）

10月15日。大政奉還。王政復古の大号令。

1868（慶応4）

戊辰戦争おこる。五箇条の御誓文出る。

（明治元）	9月8日、元号を明治と改元する。
1869（明治2）	3月、門人小河一敏、広瀬重武、京都霊山に墓を建てる。
1870（明治3）	慈眼寺素禅和尚、同寺内に墓を建てる。
1871（明治4）	廃藩置県
1891（明治24）	靖国神社に合祀される。
1893（明治26）	久保田源吉著の『僧胤康傳』を「宮崎新報」が連載。
1897（明治30）	11月、秋月種樹撰「僧胤康碑銘」を慈眼寺境内に建てる。
1902（明治35）	贈従四位。
1919（大正8）	10月、「胤康遺蹟保存会」発足。
1920（大正9）	若山甲蔵、「胤康和尚」を著す。
1923（大正12）	松田仙峡、「慈眼寺看主僧胤康召捕一條書付控」を出版。
1926（大正15）	松田仙峡、「僧胤康傳」を著す。
1940（昭和15）	松田仙峡、胤康の日記「冷暖自知」（歳中記鑑）を出版。
1941（昭和16）	松田仙峡、同「遁甲真機」を出版。
1943（昭和18）	墓碑改修。
1994（平成6）	慈眼寺に「胤康禅師史料館」完成。徳永孝一編「明治維新のさきがけ胤康禅師」発行。

〔解説〕胤康和尚の生涯および本書出版の周辺

徳永孝一

一、胤康和尚の生涯とその時代（一八二一～六六）

和尚の青少年時代

胤康和尚《いんこうおしょう》は文政四年（一八二一）、武蔵国（今の東京都）に生まれました。このころは、ロシアやイギリスなどの国が日本の近海に現れ、通商を要求していました。徳川幕府は鎖国を理由にこれを拒みつづけました。そのころの幕府や藩の財政は苦しく、さまざまな財政再建策がすすめられていました。しかし、一八三〇年代になると、連年の凶作から飢饉《ききん》となり、大坂では困窮した人々を救済するための大塩平八郎の乱もおこるなど、諸方で一揆・打ちこわしがおこり、幕府の政治は大きく揺らぎました。

胤康和尚は八歳から、生まれ故郷のお寺（松月院）で過ごし、師大隣和尚のもとで修行します。十二歳になって大隣和尚とともに肥後の大慈寺（熊本市）に移り、勉学にも励みました。それから三年後、再び大隣和尚に連れられて、北方町曽木の慈眼寺に入ります。それは天保六年（一八三五）の秋でした。

その後、向学の気持はますます強くなり、十七歳の春、熊本や長崎に遊学しました。このときは仏道はもとより儒学も学び、兵学も相当深く学んだようです。このころ学び見聞したことが力となって、勤皇の志を持つようになったと思われます。

維新の始動――和尚、勤皇の思いを説く

胤康和尚が勤皇を信念として固めていくのは、天保年代末の一八四四年ごろ（二十四歳ごろ）と思われますが、ただ、人々に勤皇の思いを伝えようにも、幕府を支える側に立つ内藤延岡藩（譜代大名）内では無理なことでした。そこで嘉永元年（一八四八）の冬、和尚二十八歳の時、隣の岡藩（大分県竹田市）にでかけ、勤皇の思いを城下の武士たちに伝えることにしました。情熱を持って雄弁に語る和尚の周辺にはいつしか多くの若い武士たちが集まるようになり、それとともに藩主中川家一門や家老までも、熱心な同調者となり、勤皇思想で堅く結ばれます。

それから二年たった嘉永三年（一八五〇）三十歳の夏、東海・東山・北陸諸道の旅にでます。維新の胎動のきこえる各地を訪ね、天下の動きを察知するのが目的でした。

ペリーの来航と尊攘運動の激化

胤康和尚が三十三歳となった嘉永六年（一八五三）、米使ペリーが軍艦四隻で浦賀に来航し開国をせまりました。それから六年間はペリーの再来航による開国、その延長線上にある通商条約の調印をめぐって、幕府と尊王攘夷派の対立が際立ってきました。

安政五年（一八五八）、大老井伊直弼は勤皇の志士数人を処刑し（安政の大獄）、一八六〇年にはそれに怒った尊攘派の浪士が、江戸城の桜田門外で井伊直弼を暗殺する事件がおこり、全国に大きな衝撃を与えました。日向諸藩でも若者の間で鹿児島藩に従って脱藩しようとする風潮がみられたといわれます。

それから文久三年（一八六三）に志士たちが京都から一斉に追放されるまでの四年間が、尊攘運動の最も激しい期間でした。土佐では武市半平太《たけちはんぺいた》の「勤王党」が結成され、九州地方では久留米水天宮の真木和泉《まきいずみ》を中心とする「勤王党」の連合がみられました。米良の勤皇家甲斐右膳が上京して奔走したのもこのころです。

志士たちは当面、文久二年（一八六二）六月に島津久光（鹿児島藩主の父）が勅使を奉じて江戸に下る時、それに翌年三月に将軍家茂《いえもち》が上洛する時を目標にして動きだしました。この間、老中の襲撃や外国人殺傷など過激な事件が相次ぎ、尊攘派のなかには、挙兵して倒幕を果たそうとする行動もでてきました。

岡藩も動き始める

胤康和尚が活躍する舞台は隣の岡藩の竹田です。嘉永の初めに勤皇思想を伝えてから文久のころにはすでに十年の付き合いとなっていました。そのころ岡藩では藩士小河一敏《おごうかずとし》と広瀬重武《ひろせしげたけ》が中心となって和尚と連絡をとりながら、同志の結束をはかっていました。文久元年頃には藩論も勤皇に傾いていたと思われます。そこで翌二年春の島津久光の上京を好機ととらえ、途中で合流して一挙に事を計ろうと考えていました。文久二年の初め、勤皇の志士の十余人が上京し奔走しています。

このような岡藩の盛りあがりをみた和尚は、この際、延岡藩領内に三十年間お世話になった恩もあり、譜代とはいえ時勢に遅れをとらせないため延岡藩の上層部に、勤皇に傾く他藩の動きを伝えようと考え、文久元年末ころから藩士に接触しましたが志ある人を見い出せず、逆に藩から和尚の身辺を探りにくるようになりました。

文久二年（一八六二）二月五日には広瀬重武が密かに曽木を訪れ、岡藩挙兵の最後の打ち合わせに行っています。そして翌六日の午前零時ごろ広瀬と甲斐宝作（荒谷の出身で、和尚の腹心）は慈眼寺をでて肥後に向かい平野次郎に会い、さらに久留米に出向いて真木和泉《まきいずみ》とも会って、京都や鹿児島藩の情況をたしかめました。

岡藩は挫折、和尚捕まる

しかしその後、岡藩では上層部の一部に迷いが生じ、和尚の懸命の説得も効なく後続を断たれ、藩としての挙兵は寸前で挫折してしまいました。そのいっぽうで、この年の三月十一日の暁、慈眼寺は二百人の捕方に囲まれ、和尚は捕まりました。甲斐宝作と弟亀治も連行されています。

逮捕は、京都や中国・九州方面の大名が申し合わせて挙兵を計画していることを本人が話していた、という薄弱な理由でした。藩主内藤政義（井伊直弼の弟）が逮捕には消極的であったにもかかわらず、家臣たちの間に隣の岡藩への気兼ねと「お家大切」（譜代藩）の心情が強かったことによるものです。しかし、和尚は揚《あが》り屋の牢に入れられたものの、その取り扱いはきわめて寛大でした。

それから約三年経過した元治二年（一八六五）の二月一日、和尚引き渡しの船が東海港《とうみこう》を出発します。京都町奉行へ身柄が引き渡されたのは三月十八日でした。それから一年余り獄中にあり、慶応二年（一八六六）四月十七日、ついに獄中において永眠しました。四十六歳でした。

大政奉還なる

尊攘派に押されていた京都の動きも、文久三年（一八六三）八月十八日を契機にして、幕府擁護派の巻き返しにあいます。尊攘派の公家や志士たちは京都から一掃され、これから大政奉還がなる慶応三年（一八六七）までの四年間は志士たちによって冬の時代となったのです。

それは胤康和尚が牢獄にあった時期とほぼ重なります。この間、天下の情勢は大きく変わろうとしていました。池田屋騒動や蛤《はまぐり》御門《ごもん》の変がおこり、坂本龍馬の奔走で薩摩・長州が連合して倒幕へ傾き、慶応三年十月には討幕の密勅がだされました。この同じ日に大政奉還がなされたのです。ここにおいて勤皇の志士の抱いた目標がひとまず達成されたことになりました。胤康和尚が亡くなってから一年半後のことでした。

二、「勤王史譚　胤康和尚」のこと

胤康和尚との出会い

私事になりますが、今から三十三年まえといえば、昭和五十八年（一九八三）にあたります。この年、宮崎県では「置県百年記念事業」として種々のイベントが企画されました。例にもれず県総合博物館でも「郷土の先覚者展」を催すことになりました。当時、同博物館の学芸員（歴史）として勤めていた小生も担当者となり、事業の一部を担うことになりました。先覚者（歴史上の人物）を選ぶことは難しいことですが、歴史に詳しい有識者を含む会議で、五十人余が決められたことを思い出します。本書の主人公「胤康和尚」を知ったのも、その時が初めてでありました。

この「郷土の先覚者展」での展示及び図録に掲載した胤康和尚関連の史資料は、肖像画像・日記・愛用の印鑑・剣道面・遺墨・観音像画・書籍『勤王史譚　胤康和尚　完』などでした。

胤康禅師資料館完成と県文化財に登録

それから十一年後の平成六年（一九九四）のこと、総代・世話人・檀信徒各位、及び久嶌正意住職（当時）の熱意で、慈眼禅寺境内に念願の「胤康禅師資料館」が出来あがりました。小生にも資料の展示や小冊子作成の依頼があり、小冊子については、「訪れる人（現代人）が読んでもわかるようなもの」を念頭に置き、『明治維新のさきがけ胤康禅師』と題して編集しました。

表紙の肖像画は、和尚の遺蹟保存会の会長であった小林天外氏（乾《けん》一郎、宮崎県県会議長・衆議院議員・画家）の描いたものです。凛とした胤康和尚の表情に、時代を動かそうとする勤王志士の姿が感じられます。それから十年後の平成十六年（二〇〇四）、念願であった「僧胤康関係資料」が県指定有形文化財として登録されました。

和尚との再会と『勤王史譚　胤康和尚　完』のこと

次に胤康和尚との出会いは、昨年の平成二十七年（二〇一五）です。現在の久峩正経住職が一冊の本を持参されました。その本には以前、どこかで見たことがあるものの、詳しい内容は覚えていませんでした。しかし考えてみれば三十三年前に出会っていることがわかりました。「郷土の先覚者展」の時、展示したものでした。写真版も図録の中に収録されています。それが、今回底本となった『勤王史譚　胤康和尚　完』です。著者は元宮崎県立図書館館長若山甲蔵氏で、大正九年（一九二〇）に北方の胤康遺蹟保存会の発行となっています。

原著作者である若山甲蔵は、明治元年（一八六八）、徳島市生まれ。考古・人類学者鳥居瀧蔵は竹馬の友。父や兄より漢学及び文章の手ほどきを受ける。関西法律学校に学び、明治二十五年（一八九二）、日州日日新聞主筆の兄を頼って宮崎に転居、新聞記者となる。明治三十四年（一九〇一）、日州独立新聞主筆に迎えられ、健筆をふるい、日向文壇で活躍。のち日州教育界に移り、機関誌の編集にあたり、県会書記を兼任した。大正八年（一九一九）、宮崎県政評論（月刊）を創刊。博覧強記の論陣を張る。他方では古文書の発掘や京都帝大の学者らと県内史跡調査を行い、保存顕彰に努めた。昭和七年（一九三二）、宮崎県立図書館長に就任。その間二十年間の歳月を要して「日向文献資料」を完成した。退職後、「日向及び日向人」を発行したが紙の統制で廃刊。著書は『安井息軒先生』、『日向地名録』など多数がある。昭和二十年（一九四五）七十七歳で没。（参考引用文献：「宮崎県大百科事典」宮崎日日新聞社編　編纂事務局員　若山光宣筆より）

この本は慈眼禅寺と延岡市立図書館にしかない稀覯本《きこうぼん》です。文章は旧漢字のため難解な個所が多いものの、救われたのはすべてに「ふりがな」が付されていることです。それでも簡略化された漢字に慣れている戦後世代の人々にとっては、読解は容易ではありません。

本書では原本の主意を生かしつつ、読み易い現代文に直すようにしました。ただ、後半には、竹田岡藩の志士たちからの偽名を使った書簡が増えています。それに胤康和尚没後、漢文調の墓碑や顕彰碑などが建立され、原著書にもそのまま掲載されています。原文を尊重しつつ、下段に簡略な注釈文を記載しました。

今回の胤康禅師百五十回忌が挙行されるにあたって、本書が発刊できたことは、関係各位のご配慮の賜物と思っています。そして胤康和尚について三十年以上も、何らかのかかわりが持てたこと、慈眼禅寺の住職はじめ関係者の方々に、有難く感謝申し上げる次第です。また久寝一晋副住職には、胤康和尚ゆかりのある遠隔地まで、画像の撮影にでかけられたとのこと、御礼を申し上げげます。なお、鉱脈社の川口社長には、編集・装幀など、御丁寧なご配慮をいただきました。さらにスタッフの方々にも改めて有難く御礼申し上げる次第です。

二〇一六年　四月

あとがき

明治、大正、昭和と、和尚伝はそれぞれの時代に年忌などの節目ごとに出されてきましたが、今や絶版であり、当山に残っている本も、現代では使わない文言などもあり難解なものとなっています。
今を生きる人々が理解しやすく、且つ、後世に語り継がれるようにするにはどうしたらよいかと思案しておりましたが、今回、胤康和尚一五〇回忌の遠忌に、刊行に至りましたことは望外の喜びであります。

本書の中には出ておりませんが、曽木におられた古老から伝わる話として、現在まで一五〇年続いているという盆の行事、曽木の送り火は、胤康和尚の死を悼んで始まったものと伝承されています。後曽木地区の家々の前に同じ高さ、等間隔で一斉に送り火が灯され、夕闇が次第に濃くなるなかに揺れる光の帯は、それは見事なものです。

また、胤康和尚を師と仰ぎ深く交流のあった竹田、岡藩の小河一敏氏は、維新後、堺県知事（大阪府）などを務めた後、明治天皇の信任厚く、宮内省御用掛として側近くに仕えましたが、その進言があったのか、明治天皇が、延岡藩主だった内藤氏を呼ばれて胤康和尚捕縛の件で詰問されたと伝わっています。

この二つの事からだけでも、人々が如何に胤康和尚の人柄を慕い、その死を惜しんだかが伝わってきます。

胤康和尚がよく口にされていたという言葉「衣は内に着れ」は、金襴まばゆく身に纏い、表面を取り繕うよりも、真実に生きろと教えて下さっています。あの激動の時代、ぶれることなく自分の信じる道を貫かれた和尚の生き様を少しでも多くの皆様に知っていただくことは、慈眼寺の衣鉢を継ぐ住職としての私の務めでありま す。

最後に、この一五〇年間、胤康和尚を調査、研究、顕彰された故久保田源吉氏および故松田仙峡氏などすべての皆様と、本書の原著者である、故若山甲蔵氏、意訳いただいた上に注記・大意を加えていただいた徳永孝一氏、そして、全体構成や細部のチェックをしていただいた鉱脈社の編集部の皆様に深く感謝申し上げます。

平成二十八年四月十七日

慈眼禅寺二十世住職　久寝正経　合掌

胤康和尚

勤王倒幕にかけた生涯

二〇一六年三月三十日初刷印刷
二〇一六年四月十七日初版発行

企画編集　慈眼禅寺
〒八八二-〇一二四
宮崎県延岡市北方町曽木子一七五二
電話　〇九八二-四七-二〇四八

原著者　若山甲蔵
意訳者　徳永孝一
発行者　川口敦己
発行所　鉱脈社
〒八八〇-八五五一
宮崎市田代町二六三番地

印刷所　有限会社 鉱脈社
製本所　日宝綜合製本株式会社